D

René Freund

Mein Vater, der Deserteur

Eine Familiengeschichte

Deuticke

Gefördert durch das Bundesministerium für Unterricht, Kunst und Kultur (Staatsstipendium 2009/10) sowie durch das Land Oberösterreich (Adalbert-Stifter-Stipendium 2010)

1 2 3 4 5 18 17 16 15 14

ISBN 978-3-552-06256-6

Satz: Eva Kaltenbrunner-Dorfinger, Wien
Druck und Bindung: CPI – Ebner & Spiegel, Ulm
Printed in Germany

FSC
www.fsc.org
MIX
Papier aus verantwortungsvollen Quellen
FSC® C006701

Mein Vater, der Deserteur

Familienstellen. Ursprungsbild

Vater, dich stell ich in die Mitte. Hierher, ja. Die Mutter zu deiner Linken. Nein. Die Mutter zu deiner Rechten. Dich, meine Schwester, vor die Mutter. Ja, so ist es recht. Mich selbst vor den Vater. Das fühlt sich gut an. Du willst mich sehen, Schwester? Ich wende mich dir zu. Einen Schritt zur Seite. Besser? Gut. Wie geht es dir? Warum hat Mutter Angst? Warum ist Vater zornig? Oder ist er traurig? Fehlt hier jemand? Und du, Vater, warum stehst du neben deiner Mutter? Deine kleinen Schwestern vor dir, als wären sie deine Kinder. Stehst du gut, Mutter? Sind das Tränen in deinen Augen? Dein Vater und deine Mutter stehen hinter dir und deiner kleinen Schwester. Sie scheinen jemanden zu suchen. Und all die anderen tauchen auf aus dunklem Hintergrund, Kinder, geborene und ungeborene, Lebende und Tote, jeder sucht seinen Platz und alles kommt in Bewegung, bleibt in Bewegung, es scheint wie ein Tanz, und die einzelnen Menschen lösen sich auf in dem Ganzen, verschwinden in der Suche nach Gleichgewicht und Ordnung.

1979

Eine Frage wollte ich meinem Vater immer stellen: »Hast du einen anderen Menschen erschossen?« Ich habe es nie gewagt, meinem Vater diese Frage zu stellen. Heute ist es zu spät. Mehr als drei Jahrzehnte zu spät. Mein Vater starb, als ich zwölf war. Ich weiß noch, wie er auf dem Sofa im Wohnzimmer lag und

meiner Mutter zustöhnte: »Zweihundertfünfzig zu hundertachtzig.« Er hatte sich den Blutdruck gemessen. Er maß sich ständig den Blutdruck, um sich zu beruhigen, vielleicht auch, um sich zu beunruhigen. In seinem Kopf war eine Ader geplatzt. Aneurysma, hieß es im ärztlichen Fachjargon. Das Wort erinnerte mich zwölfjährigen Buben an den Lieblingsedelstein meiner Mineraliensammlung: Amethyst. Aneurysma war auch violett. Jedenfalls verfärbte es das Gesicht meines Vaters in der Folge violett. Aber das weiß ich nur aus den Erzählungen meiner Mutter. Ich habe meinen Vater »so« nie gesehen. Sie wollte nicht, dass ich und meine vier Jahre jüngere Schwester Natalie ihn »so« sahen. Wir sahen ihn dann nie wieder.
Der Krankenwagen kam und holte ihn ab. Da war ich schon nicht mehr dabei. Meine Mutter hat uns weggeschickt. Ich weiß auch nicht mehr, ob wir den Surbraten noch gegessen haben. Es war ein Sonntag, als das Aneurysma meines Vaters platzte. Das geschah in dem Moment, als er sich zum Backofen hinabbeugte, um nachzusehen, ob der Surbraten schon gar und knusprig war. Mein Vater hätte eigentlich gar keinen Surbraten essen sollen. Er hatte schon fünfzehn Jahre davor eine Gehirnblutung gehabt. Die Ärzte verordneten ihm Diät, Ruhe, sie gaben ihm Blutdrucksenker, Beruhigungsmittel und Aufputschmittel, damit er sich seine Befindlichkeiten einrichten konnte. Damals glaubte man noch mehr als heute an die Macht der Chemie.

1944

Freitag, 11. August
18 Uhr Abschied von zu Hause, 23 Uhr Abfahrt Wien, Westbahnhof

Der Krieg hat meinen Vater umgebracht, behauptet seine Schwester, meine Tante. Sie sieht ihn als Gefallenen, gestorben für Führer, Volk und Vaterland, 34 Jahre nach Kriegsende. Es waren die Entbehrungen, sagt meine Tante. Und die Angst. Mein Vater war ein unruhiger Mensch. Und er konnte keinem Genuss widerstehen. Die tägliche Rindsbouillon. Innereien. Würste. Fettes Fleisch. Wein. Fernet. Und »Falk«, achtzig Zigaretten täglich. Und die Medikamente. Die Ärzte haben deinen Vater auch umgebracht, sagt meine Tante. Und der Krieg. Aber natürlich hat er sich selbst umgebracht, »weil es muss ja keiner«.

Muss keiner?

Mein Vater musste Soldat werden. Musste er? Geboren am 5. September 1925, erst bei der HJ, dann beim Reichsarbeitsdienst, ein großer, schlanker, blauäugiger Junge. Vier Tage vor seinem vierzehnten Geburtstag konnte dieser hübsche Junge im Radio Adolf Hitlers Worte hören: »Seit 5.45 Uhr wird jetzt zurückgeschossen.« Jene Umkehrung der Tatsachen, die den verheerendsten Krieg der Menschheitsgeschichte einleitete. Zur Ausbildung eingezogen 1943, mit achtzehn Jahren. An die Front geschickt im August 1944. Zwischen Musterungspapieren und Marschbefehlen finde ich ein Gedicht, das er von seiner Mutter zum Abschied bekommen hat. Schon deren Vater war Dichter gewesen. Offensichtlich hat man in diesem Familienzweig Sorgen und Kummer stets literarisch verarbeitet. Das Gedicht der Mutter meines Vaters ist datiert: »Wien, 30. VII. 1944«. Die Schrift ist gut zu lesen:

»Mein armer Sohn, Du musst hinaus
Ins Feindesland, ins Schlachtgebraus.
Doch orgelt wild der Tod Dir dort sein Lied,
So denk daran, dass irgendwie Dein Vater mit Dir zieht.
Er, der den Tod schon überwunden,
Er ist bei Dir in jenen Stunden,
Er wird mit seinem Rat Dir gegenwärtig sein.
Lass Deines Vaters Stimme bei Dir ein.
Du weißt, was er einst fühlte und auch litt,
An seiner Bürde trägst auch Du noch mit.

Gymnasiast
Gerhard Freund

Ringst Du blutig um Dein Leben,
Möge Gott Gelingen geben!
Und Du weißt den Sinn zu deuten,
Um Dein Menschtum musst Du streiten!
Sieg ist, was Du selbst Dir abgerungen!
Deiner Eltern Liebe hält Dich eng umschlungen!

Gedenke auch Du öfter Deiner
Mutter –«

2010

Die Internet-Plattform WikiLeaks veröffentlicht geheime Dokumente über amerikanische Kriegsverbrechen im Irak. Die Weltöffentlichkeit scheint überrascht. Ich greife wie so oft in das Regal hinter mir und nehme einen Band der zehnteiligen Werkausgabe von Kurt Tucholsky zur Hand. Tucholsky hat immer schon alles gewusst.
In Erinnerung an den Ersten Weltkrieg und als Warnung vor dem Zweiten schrieb Kurt Tucholsky in der Glosse »Der bewachte Kriegsschauplatz« die berühmt gewordenen Sätze: »Da gab es vier Jahre lang ganze Quadratmeilen Landes, auf denen war der Mord obligatorisch, während er eine halbe Stunde davon entfernt ebenso streng verboten war. Sagte ich: Mord? Natürlich Mord. Soldaten sind Mörder.«
Dieser Satz »Soldaten sind Mörder« des ehemaligen Soldaten Tucholsky führte nicht nur 1931 zu einem Prozess, er beschäftigte so oder in Abwandlungen die bundesdeutschen Gerichte bis in die neunziger Jahre. Ich fand diesen Satz immer unbestechlich richtig, einleuchtend und wahr. Doch mein von

meinem Vater geprägter Pazifismus, später weiter geschult und bestärkt durch Erich Kästner, Alfred Polgar, Karl Kraus, Konstantin Wecker, Werner Schneyder, hat für mich in den letzten Jahren an Strahlkraft verloren. Ist es mein Verdacht, dass Österreichs bedingungsloser Glaube an die Neutralität mehr mit Provinzialismus als mit Pazifismus zu tun hat? Wie war das im jugoslawischen Bürgerkrieg? Wie war das mit dem Massaker von Srebrenica, wo Tausende Menschen abgeschlachtet wurden? Soll man Gewalt dulden und die Verbrecher walten lassen? Andererseits: Ist nicht das Wort »Kriegsverbrechen« selbst ein Verbrechen? Bedeutet es nicht, dass es einen Krieg gibt, der kein Verbrechen ist?

Hatte nicht Benjamin Franklin die Sache ein für alle Mal geklärt, als er sagte: »There never was a god war or a bad peace.«

Heute werden für Kriege »humanitäre« Gründe vorgeschützt, um die wirtschaftlichen Interessen zu verschleiern. Der brutale Einsatz modernster Waffen in entlegenen afghanischen Bergregionen soll die Welt vom Terrorismus befreien und führt zu dessen Verstärkung. Oder ein paar Jahre vorher: Wer außer ein paar willfährigen Journalisten glaubte tatsächlich an irakische Massenvernichtungswaffen? George Bush selbst wohl am allerwenigsten. Und wer konnte tatsächlich überrascht sein von der via Internet verbreiteten Entdeckung, wonach Krieg eine schmutzige Sache sei? Tausende Zivilisten wurden von überforderten Soldaten über den Haufen geschossen. Es gab systematische, vom Präsidenten selbst angeordnete Folter. Das Bild vom amerikanischen Helden als Behüter der Freiheit hat zuerst in Vietnam, danach im Irak schlimme Kratzer bekommen. Auch Rückschlüsse auf die Vergangenheit durften nun gezogen werden. Man wusste, auch amerikanische Soldaten hatten sich während des Zweiten Weltkriegs diverser Kriegsverbrechen schuldig gemacht. Über das Ausmaß dieser Kriegsverbrechen hat bisher keiner so offen geschrieben wie der britische Historiker Antony Beevor in seinem monumentalen Werk »D-Day. Die Schlacht um die Normandie« (2010). Ich werde darauf zurückkommen.

Im Grunde geht es um die Frage, ob der Zweck die Mittel heiligt. Darf ein Geheimdienst Terroristen foltern, um unschuldige Menschen vor Attentaten zu bewahren? Ab wann ist es legitim zu töten? War Stauffenberg ein Held? Und Saddams Henker? Kann es moralisch richtig sein zu töten? Darf man töten, wenn es befohlen wird? Zielt nicht jede militärische Ausbildung auf die Umkehrung des fünften Gebots? Im Zweiten Weltkrieg traf das sicher auf alle Armeen zu: »Du sollst töten!« Die alliierten Soldaten konnten und können sich immerhin darauf berufen, den »richtigen« Feind gehabt zu haben. Das Gefühl, für die rechte Sache zu kämpfen, hatten die GIs im Irak oder in Afghanistan offensichtlich nicht. 2012 starben mehr Soldaten der US-Armee durch Selbstmord als im Kampfeinsatz.

Im Dokumentarfilm »The Fog of War« kommt der US-Stabsoffizier und spätere Außenminister Robert McNamara zu manch später Einsicht. McNamara, der im Zweiten Weltkrieg mathematische Modelle für die möglichst zerstörerische Bombardierung japanischer Städte entwickelte und für den Tod von rund einer Million Zivilisten mitverantwortlich ist, bekannte offen, die USA hätten sich verhalten wie Kriegsverbrecher – und hätten sie den Krieg verloren, hätte man ihnen den Prozess gemacht. Aber, so lautete ein Leitsatz McNamaras: »Um Gutes zu tun, kann es notwendig sein, sich auf das Böse einzulassen.« Das ist genau die Frage nach dem Zweck und den Mitteln.

Der Schriftsteller Doron Rabinovici erzählt mir bei einer Begegnung, er sei kein Pazifist, sei nie Pazifist gewesen. »Die Sätze

›Nie wieder Krieg‹ und ›Nie wieder Auschwitz‹ widersprechen einander«, sagt er. Das kann ich nur so stehen lassen.
Was wäre gewesen, wenn man die Welt Adolf Hitler und seinen Erben überlassen hätte? Man hätte das millionenfache Morden geduldet. Toleriert. Gesagt: Macht nur weiter, wir finden das vielleicht nicht schön, aber wir lassen euch in Ruhe. Können solcherart Pazifisten zu Mördern werden? Ist es nicht legitim, für die Freiheit zu kämpfen? »Im Alter werden die Huren fromm«, soll Axel Springer einmal gesagt haben. Und die Pazifisten nachdenklich.

1985

Als ich achtzehn war, lagen die Antworten viel klarer vor mir: »Soldaten sind Mörder.« Ich hatte meinen Tucholsky gelesen. Als ich den Einberufungsbefehl zur Stellungskommission des österreichischen Bundesheers bekam, empfand ich das als eine Art Todesurteil. Ich wollte untauglich sein, weshalb ich vor den ärztlichen Tests Unmengen Kaffee trank und wie ein Verrückter rauchte, was auf meine gute Gesamtverfassung keinerlei Auswirkungen hatte. Bei den psychologischen Tests stellte ich mich blöd, das aber mit so wenig Intelligenz, dass mir der Militärpsychiater draufkam.
Ich landete also Monate später vor der Zivildienstprüfungskommission. Um den Wehrersatzdienst zu leisten, musste man damals eine Gewissensprüfung über sich ergehen lassen. Ich hatte gehört, dort würden Fragen gestellt wie: »Sie gehen mit Ihrer Freundin im Wald spazieren. Plötzlich wird Ihre Freundin von einem Gewalttäter attackiert. Was machen Sie?« Diese Fragestellung ist nicht legitim, hörte ich mich antworten, denn

private Notwehr kann nicht mit militärischen Befehlsstrukturen verglichen werden und Waffengewalt nicht mit sportlichen Techniken zur Selbstverteidigung, ebenso wenig wie Sie einen Boxkampf mit dem atomaren Overkill vergleichen können. Overkill, das war ein Wort der achtziger Jahre. Es bedeutete, dass sich die Menschheit dank ausgefeilter Waffensysteme unzählige Male selbst vernichten konnte. Das trifft heute immer noch zu, aber Overkill sagt man nicht mehr. Überhaupt kam ich nicht dazu, meine großartigen Antworten zu geben. Der Vorsitzende der Zivildienstprüfungskommission fragte mich, ob ich der Sohn von Gerhard Freund sei. Als ich das bejahte, begann er von meinem Vater zu schwärmen, der habe sich noch was getraut als Fernsehdirektor, denken Sie nur an den »Herrn Karl« vom Qualtinger, überhaupt sei er ein so sympathischer und engagierter und volksnaher Fernsehdirektor gewesen, heute gebe es das ja alles nicht mehr, und erst die Sendungen, die man damals gemacht habe, und unter welchen Umständen diese Sendungen zustande gekommen seien! Der Vorsitzende zitierte Beispiele, ich weiß bis heute nicht, warum er sich so gut auskannte, vielleicht war er einfach ein begeisterter Fernsehzuschauer. Nach einem zehnminütigen Monolog fragte er mich, ob ich noch etwas sagen wolle. Ich überlegte, denn ich hätte gerne mit den Herren diskutiert. Mich beschäftigte die Frage, ob Notwehr gegen äußere Gewalt legitim ist und unter welchen Umständen diese Gegengewalt organisiert werden darf oder muss. Gut, unterbrach der Vorsitzende mein Schweigen, ich glaube, es ist gut gelaufen für Sie, Sie werden schriftlich verständigt. Und wie Sie Ihrem Herrn Vater ähnlich sehen!

So hat mich mein Vater, der Soldat, vor dem Dienst mit der Waffe gerettet.

1944

Samstag, 12. August
15 Uhr Ankunft in Straßburg, Abfahrt nach Zabern, von dort um 23 Uhr Abfahrt nach Metz. Kein Fahrplan mehr, Chaos auf den Bahnlinien, äußerlich normales Leben.

Mein Vater schrieb: Strassburg und aeusserlich, denn die französische oder amerikanische Schreibmaschine, auf der er sein Kriegstagebuch tippte, verfügte weder über ein scharfes S noch über Umlaute. Sonst schrieb er ein fehlerfreies Deutsch, was für einen Kriegsmaturanten nicht selbstverständlich war. Er war das älteste von drei Geschwistern, der einzige Sohn, Mutters Augenstern. Man lebte zwar zu fünft in »Zimmer, Küche, Kabinett« in Wien-Meidling, aber man hielt etwas auf Kultur. Vater Maximilian Freund war Lehrer, bis ihn die Nazis aufgrund dunkler Stellen im Ariernachweis seines Postens enthoben, wonach er sehr schnell starb, keine 54 Jahre alt, an einer Lungenentzündung. Das Penicillin war damals bereits erfunden, aber im Deutschen Reich nicht erhältlich. Mutter Mechtilde lernte mit den Kindern Gedichte, die deutschen Klassiker, besonders Schiller.

Sonntag, 13., Montag, 14. August
In Metz. Stadt ohne Zivil, Waffenschule, über 50 Kasernen, Bombardement, Bahnhof getroffen, den wir eine Viertelstunde vorher verlassen hatten. Sonst sehr unterhaltlich. Montag abends Abfahrt nach Paris. Wir erwischten den letzten Zug. Leider? Gott sei Dank?

Bild rechte Seite: Die erste Seite von Vaters Kriegstagebuch

Freitag, 11. August, 1944

18 Uhr Abschied von zu Hause, 23 Uhr Abfahrt Wien, Westbahnhof.

Samstag, 12. 15 Uhr Ankunft in Strassburg, Abfahrt nach Zabern, von dort um 23 Uhr Abfahrt nach Metz. Kein Fahrplan mehr, Chaos auf dem Bahnlinien, aeusserlich normales Leben.

Sonntag, 13.
Montag, 14. In Metz. Stadt ohne Zivil, Waffenschule, ueber 50 Kasernen, Bombardement, Bahnhof getroffen, den wir eine Viertelstunde vorher verlassen hatten. Sonst sehr unterhaltlich. Montag abends Abfahrt nach Paris. Wir erwischten den letzten Zug. Leider ? Gott sei Dank ?

Dienstag, 15. Abenteuerliche Fahrt. Jagdbomberangriffe, wir liegen mehr neben dem Zug im Gelaende als wir fahren. Waehrend der Luftangriffe werden wir mehrmals von Partisanen beschossen, ein Wunder, dass niemand verletzt wird. Nachts wandern wir ueber eine Bombentrichter besaete Strasse, um eine zerstoerte Bruecke zu umgehen. Der Weg ist so schmal und halsbrecherisch, dass die Herren Offiziere ihr Gepaeck zuruecklassen muessen. Drueben wartet ein leerer Zug auf uns und den Rest der Nacht verbringen wir zu dritt in einem Abteil erster Klasse und schlafen durch bis Paris. Die Zeichen des Krieges, die wir waehrend der ganzen Fahrt beobachten konnten, nehmen hier wieder ab.

Mittwoch, 16. Ankunft in Paris am Gar del'Est, von dort nach Gar du Nord zur Unterkunft. Wir besuchen Notre Dame, alles zu Fuss, da erstens Verkehrs- und zweitens Zahlungsmittel knapp sind. Auf der Frontleitstelle weiss man nicht mehr wie die Front verlaeuft, nur eines ist sicher, naemlich, dass unsere Einheit eingeschlossen ist. Unser "Transportfuehrer", ein Unteroffizier wie wir alle, nur hat er die Reisepapiere fasst den heroischen Entschluss, auf einem LKW in den Kessel einzusickern.

Donnerstag, 17. Nach einem Tag planlosen Herumwanderns in der Stadt, besuchen wir abends die Bar in der Rue de la Michodiere. Ein wunderbarer Abend, "Papa" und ich beschliessen endgueltig, nicht einzusickern. Einheiten kommen von der Front und sammeln sich hier, um sinnlos weiterzubrausen Richtung Deutschland, bunt zusammengewuefelt ohne ~~[illegible]~~ Ruecksicht auf Truppenteil. Als wir zu sechst nachts von der Bar auf gut Glueck dem Nordbahnhof zusteuern – keiner kennt sich in Paris aus, geschweigedenn bei Nacht – ist die Hoelle los. Haeuser brennen, Feuerwehrsignale, Maschinengewehrgeknatter, Revolverschuesse, Zivilisten gehen nur mit Haenden hoch, und wir schleichen und an Haeuserwaenden entlang weiter. Endlich finden wir den Nordbahnhof, und 30 Sekunden, nachdem wir den Eingang durchschritten haben, prasselt eine Maschinengewehr garbe hindurch. Die halbe Nacht wird der Bahnhof vom Haus gegenueber aus unter Feuer gehalten, aber wir kuemmern uns nicht darum, ein paar Narren liegen im Hof und schiessen zurueck und der junge Leutnant, der sie fuehrt, will auch uns dazu einladen, aber wir sind voll des suessen Weines, rackeln uns auf den Betten und sagen, wir haetten keine Gewehre. Disziplin ist nicht mehr gefragt. Nachher machen sie einen Gegenangriff, raeumen, da sie natuerlich nichts anderes finden, denn die Franzosen sind laengst weg, eine Weinstube aus und besaufen sich sinnlos. Den Rest der Nacht laden wir Verwundete ein, der Zug besteht nur aus Viehwgen mit Stroh und mitten unter den Stoehnenden sitzen Blitzmaedchen, die man im letzten Augenblick noch evakuieren will. Als der Zug voll ist, werden die restlichen Verwundeten einfach auf dem Bahnsteig liegen gelassen und ich habe spaeter erfahren, dass der ganze Zug nicht mehr abgefahren ist.

Freitag, 18. Frueh ist wieder alles ruhig und das Leben ist anscheinend normal. Aber hier und da faellt ein Schuss aus Haeuserfenstern und man spuert deutlich das Brodeln des Vulkans. Endlich ist der LKW hier und wir laden das Gepaeck auf, kurz nachher sind "Papa" und ich verschwunden und gehen auf Umwegen zur Ruede la Michodiere. Zuerst wollte man uns getrennt unterbringen, aber mein vorgesehener Quartiergeber versagte und so komme auch ich in die Rüe de la Michodiere.

»Unterhaltlich«? Was war »unterhaltlich«?
Das Kriegstagebuch hat ein merkwürdiges Format. Nicht A3, nicht A4. Etwas dazwischen. Das Papier ist dünn wie Zigarettenpapier. Ich wundere mich, dass es nicht längst zu Staub zerfallen ist. Ich kann mich nicht erinnern, wie das Kriegstagebuch in meine Hände gekommen ist. Hat es mir mein Vater seinerzeit zu lesen gegeben? Möglich. Habe ich es in irgendeiner Lade in meinem Elternhaus gefunden, zufällig? Auch möglich. Außer mir kennt niemand in der Familie das Kriegstagebuch. Es ist eine Entdeckung.

Dienstag, 15. August
Abenteuerliche Fahrt. Jagdbomberangriffe, wir liegen mehr neben dem Zug im Gelände als wir fahren. Während der Luftangriffe werden wir mehrmals von Partisanen beschossen, ein Wunder, dass niemand verletzt wird. Nachts wandern wir über eine Bombentrichter besäte Straße, um eine zerstörte Brücke zu umgehen. Der Weg ist so schmal und halsbrecherisch, dass die Herren Offiziere ihr Gepäck zurücklassen müssen. Drüben wartet ein leerer Zug auf uns und den Rest der Nacht verbringen wir zu dritt in einem Abteil erster Klasse und schlafen durch bis Paris. Die Zeichen des Krieges, die wir während der ganzen Fahrt beobachten konnten, nehmen hier wieder ab.

Wovon die einfachen Wehrmachtssoldaten nichts wussten: Am selben Tag, dem 15. August 1944, trat die Pariser Polizei in den Streik. Die Polizisten weigerten sich, die Ordnung für die deutsche Besatzungsmacht aufrechtzuerhalten. Die alliierten Truppen, die am 6. Juni 1944 in der Normandie gelandet waren, standen vor den Toren der Stadt.

Am selben 15. August – den Hitler als »schlimmsten Tag seines Lebens« bezeichnete – landeten die Alliierten in Südfrankreich. Das besetzte Frankreich war für die Nazis so gut wie verloren. Die Widerstandskämpfer in Paris bewaffneten sich und kamen aus ihren Verstecken. In der Stadt herrschte Chaos, und mitten hinein fuhr, schlafend, mein Vater.

1983

Meine Mutter macht die besten Wiener Schnitzel der Welt. Sie sind eher untypisch, das Fleisch dick geschnitten und nicht geklopft, die Panier fest angedrückt, ohne Luftblasen und Wölbungen, in Schweineschmalz nicht golden, sondern dunkelbraun herausgebacken. So etwas prägt.

Nach den sonntäglichen Wiener Schnitzeln fuhren wir gelegentlich zum Hietzinger Friedhof, um das Grab meines Vaters zu besuchen. Ich war ein Halbwüchsiger von vielleicht fünfzehn oder sechzehn Jahren. Rebellisch pubertiert habe ich nie. Nach dem Tod meines Vaters nahm ich seinen Platz bei Tisch ein, was meine Mutter seltsamerweise zuließ. Während des Frühstücks vor der Schule las ich die »Süddeutsche Zeitung« oder hörte eine Symphonie von Beethoven, Karajan und die Berliner Philharmoniker. Ich trank Tee mit Milch, wie es mein Vater getan hatte, und in die Schule ging ich wie ins Büro.

Bei den Mittagessen am Sonntag war stets meine Großmutter anwesend, die Mutter meiner Mutter, Mummy genannt. Sie war damals schon über achtzig Jahre alt, bewohnte ein Haus in Salmannsdorf, dem Villenviertel eines Wiener Nobelbezirks. Das geografische, politische und soziale Gegenteil von Meidling, wo mein Vater aufgewachsen war. Mummy schminkte sich jeden

Tag und legte die große Garderobe an, auch wenn sie nur den Briefträger sah. »Man darf sich niemals gehenlassen«, so lautete ihr ehernes Lebensmotto, und ich musste oft daran denken, als ihr Geist sie später im Stich ließ und sie gezwungen war, sich gehenzulassen.

Jedes Mal, wenn wir zum Grab meines Vaters gingen, schnitzelgesättigt, blieb meine Großmutter am Weg vor einer Marmorgruft stehen, um ein Gebet zu sprechen. Auf dem Grabstein stand: »Bundeskanzler Dr. Engelbert Dollfuß geb. 1892 gest. 1934«.

Erst als unser Geschichtsunterricht allmählich die Habsburger und Napoleon hinter sich zu lassen begann, lernte ich, dass es sich um den Anführer des Austrofaschismus handelte, jenen Mann, der die Demokratie in Österreich ausgeschaltet und 1934 das Bundesheer gegen die Sozialdemokraten mobilisiert hatte. Und der im selben Jahr von einem Nazi erschossen worden war. Eines Tages fragte ich meine Großmutter – die Scheu, solche Fragen zu stellen, überspringt wie viele Konflikte und Ängste eine Generation –, warum sie am Grab eines Mannes betete, der einen Bürgerkrieg verschuldet hatte. Der auf Arbeiter und Sozialisten hatte schießen lassen.

»Herzi-Bub« (das war ich), erklärte meine Großmutter ohne zu zögern, »das verstehst du noch nicht.« Heute, fast dreißig Jahre später, verstehe ich es immer noch nicht. Aber ich habe in der Zwischenzeit erfahren, dass Engelbert Dollfuß der Trauzeuge meiner Großeltern war. Hildegard, geborene Klos, und Dr. Leo Müller, Agrarökonom. Dieser Großvater entging dem Dienst in der Wehrmacht, weil er als Saatgutspezialist unabkömmlich gestellt wurde.

Engelbert Dollfuß (vorne), Leo Müller (Mitte rechts, ohne Kopfbedeckung)

Die Mappe mit seinen persönlichen Dokumenten, die vor mir auf dem Schreibtisch liegt, ist in Samt eingebunden, auf den mit Goldfaden die Initialen L. M. gestickt wurden, wahrscheinlich von meiner Großmutter, die als junge Frau ausgezeichnet zeichnen konnte und der Familie Handarbeiten in künstlerischer Qualität hinterließ.

Als ich die Mappe aufschlage, sehe ich als Erstes den »Ahnenpass«, herausgegeben vom Verlag für Standesamtswesen, Berlin. Darin, in sauberer Schrift mit schwarzer Tinte aufgelistet, die Vorfahren bis ins siebte und sogar achte Glied. Gastwirt aus Böhmen, Fleischhauer aus Mähren, Bauerntochter aus Niederösterreich. Nicht zu vergessen die in unserer Familie legendäre Anna Sölß, Postmeisterstochter aus Hainburg an der Donau, deren Schönheit den durchreisenden Kaiser Franz Joseph überaus entzückt haben soll. Alle die Geburts- und Sterbe- und Taufdaten mussten bei Pfarren oder Gemeindeämtern nachgefragt werden, oft in anderen Ländern, die einst zur Habsburgermonarchie gehört hatten. Eine langwierige und – wie ich mir vorstelle – langweilige Arbeit, zu der alle Bewohner des Dritten Reichs verpflichtet wurden. Auch eine Art von Beschäftigungspolitik.

1939

Immerhin, nach den Ahnen zu forschen, das bedeutete wenigstens Hoffnung. Die Juden brauchten damit gar nicht erst anzufangen.

Dr. Leo Müller, so stellte sich bei den Nachforschungen heraus, konnte sich als Arier bezeichnen. Als Arier und Agrarier. Als Letzterer war er bei der niederösterreichischen Landwirtschaftskammer als Tierzuchtdirektor angestellt. Allerdings nur bis 23. März 1939. Ein Jahr nach dem »Anschluss« Österreichs an das Großdeutsche Reich bekam er Post: »An Herrn Dr. Ing. Leo Müller, früher n.ö. Landw. Kammer, jetzt Reichsnährstand, Wien VIII, Lederergasse 18. Auf Grund der Verordnung zur Neuordnung des österreichischen Berufsbeamtentums vom 31. Mai 1938 werden Sie mit dem Ende des Monats März 1939 mit drei Viertel des Ruhegenusses in den Ruhestand versetzt. Ein Rechtsmittel gegen diese Entscheidung steht Ihnen nicht zu. Gez.: Seyß-Inquart. Für den Reichsstatthalter: SS-Untersturmführer …« Unterschrift unleserlich.

Da saß er nun, 38 Jahre alt, in Zwangsruhestand geschickt, mit einer Rente, die zum Ernähren seiner Frau und seiner beiden Töchter nicht ansatzweise ausreichte. Meine Mutter war damals zwei, ihre Schwester ein Jahr alt.

»Tragen Sie es mit Fassung, Dr. Müller«, soll ein Kollege, ein überzeugter Nationalsozialist, zu ihm gesagt haben. Derselbe wollte nach dem Krieg einen Job von ihm haben, erzählt meine Mutter. Er hat ihn nicht bekommen.

1936

Wie war Leo Müller auf die schwarze Liste der Nazis gekommen? Auch dazu finde ich ein Dokument in der schönen Samtmappe meines Großvaters. Es ist ein Brief von der Landesführung der Niederösterreichischen Sturmscharen. Diese waren eine Teilorganisation der Ostmärkischen Sturmscharen, die mit dem Bauernbund zusammenarbeiteten. Sie waren 1930 von Kurt Schuschnigg, der seit 1934 als Nachfolger Dollfuß' Österreich diktatorisch regierte, gegründet worden, um als katholische Erneuerungs- und Schutzbewegung ein Bollwerk einerseits gegen Sozialisten, andererseits gegen Nationalsozialisten zu bilden. Chef der NÖ Sturmscharen war kein Geringerer als Bauernbunddirektor Leopold Figl, nach dem Krieg Bundeskanzler und Außenminister (»Österreich ist frei!«).
Im Oktober 1936 wurden alle Wehrverbände der Ersten Republik aufgelöst. Leo Müller bekam ein Dankesschreiben: »Lieber Herr Kamerad! Fünf Jahre Sturmscharbewegung liegt [sic!] hinter uns. Ein schöner Prozentsatz unseres Programmes ist im neuen Österreich durchgeführt worden. Der Führer [gemeint ist Schuschnigg, Anm. R.F.] befahl die Auflösung, wir folgten selbstverständlich bedingungslos. Ich nehme die Gelegenheit wahr, um Dir, verehrter Kamerad, für Deine treue und selbstlose Mitarbeit in der Landesführung herzlichen und aufrichtigen Dank zu sagen. Ich bin überzeugt, dass wir deshalb auch in der Zukunft in Dollfuß-Treue unsere Pflicht im Vater-

lande erfüllen werden. Wenn wir auch als Sturmschärler nicht mehr beieinander sein können, so darf ich Dir, lieber Kamerad, versichern, dass ich Dir auch in Zukunft wirklicher Kamerad im Geiste Dollfuß', ein wirklicher Freund bleiben werde. Mit nochmaligem Danke und ein aufrichtiges ›Treue‹ für alle Zukunft, Dein Figl.«

Die österreichischen Nationalisten »im Geiste« von Dollfuß waren den Nazis ebenso suspekt wie Kommunisten oder Sozialisten. Vielleicht sogar suspekter, weil sie sich bis 1938 an der Macht befanden. Leopold Figl gehörte zu den ersten Verhafteten nach der Machtübernahme der Nationalsozialisten. Von 1938 bis 1943 war er im KZ Dachau inhaftiert, nach dem gescheiterten Attentat auf Hitler im Juli 1944 wurde er unter dem Verdacht des Hochverrats erneut verhaftet.

Im Juni 1937, ein knappes Jahr vor seiner Verschleppung ins Konzentrationslager, fungierte Leopold Figl als Taufpate. Das zu taufende Mädchen hieß Gertraud Müller. Meine Mutter.

1938

Meine Großmutter erzählte mir einmal die Geschichte, ihr Mann sei von Bundeskanzler Schuschnigg auserwählt worden, im März 1938 nach Berlin zu fahren, um in letzten geheimen Verhandlungen mit Hitler den »Anschluss« Österreichs an das Deutsche Reich zu verhindern. Leo Müller kam in Berlin an. Bereits am Bahnhof warteten SS-Männer auf ihn. Sie behandelten ihn höflich. Die nächsten drei Tage wurde er rund um die Uhr von Gestapo-Männern überwacht. Zum »Führer« ließ man ihn nicht vor. Noch ein halbes Jahrhundert später konnte ich die Angst in der Stimme von Mummy hören, die Angst, ihr

Leo könnte einfach in Berlin verschwinden. Es ist aber wohl nur eine Ironie der Geschichte, dass das österreichische Außenamt mit den Codeworten »Leo reisefertig« über den bevorstehenden Einmarsch deutscher Truppen informiert wurde.

Später haben die Nazis die landwirtschaftlichen Kenntnisse meines Großvaters gebraucht. Und noch später, im Krieg, sollte sich zeigen, dass Leo Müller, der Kamerad im Geiste von Dollfuß, ein Mensch mit großem Herzen und viel Mut war.

Leider habe ich nur eine einzige persönliche Erinnerung an »Opi«, wie wir ihn nannten. Er starb 1971. Opi kommt im Bademantel aus seinem Schlafzimmer und lächelt mir freundlich zu. Das ist alles, dieses Bild: ein »Herr«, wie man früher gesagt hat, mit gütigen Augen und einem gepflegten Schnurrbart. In den Erzählungen über ihn erscheint er als äußerlich ruhig, schlagfertig und witzig. Zu Hause überließ er das Regiment seiner Frau, die über ebenso viel Autorität verfügte wie er. Er rauchte bis an sein Ende (durch Lungenkrebs) täglich achtzig filterlose Zigaretten der Marke Austria 3, war dem Grünen Veltliner zugetan und gerne bis spät in die Nacht unterwegs. Später, lange nach dem Krieg, traf der Lebemann immer wieder seine auch gerade erst heimgekehrten Töchter im Morgengrauen in der Küche zu einem kleinen Imbiss, von dem die Mutter nichts bemerken durfte, weil sie für so viel Unvernunft nicht viel übrighatte. Egal, wie spät es wurde, pünktlich um sieben Uhr dreißig verließ Dr. Müller am nächsten Tag das Haus, natürlich tadellos rasiert, im Maßanzug, mit Krawatte und Hut. »Ui, jetzt müssen wir schnell schlafen«, pflegte er seinen Töchtern zuzuraunen, wenn absehbar war, dass höchstens ein paar Stunden für die Nachtruhe blieben.

Meinen anderen Großvater habe ich gar nicht gekannt. Der Lehrer aus dem Arbeiterbezirk Meidling wurde wegen der

Lücken in seinem Ariernachweis und politischer Unzuverlässigkeit nach dem »Anschluss« seines Postens enthoben. Anti-Nazis waren beide. Das verband und verbindet aber in Österreich nicht. Als meine Mutter, die höhere Tochter aus dem Nobelbezirk, sich anschickte, den roten Fernsehdirektor Gerhard Freund zu heiraten, wurde sie im Herzen der Wiener Innenstadt auf offener Straße von einem Parteifreund ihres Vaters geohrfeigt. Noch in den sechziger Jahren war der Hass von 1934 nicht überwunden.

Mein Vater war im Bürgerkriegsjahr 1934 neun Jahre alt. Im »Anschluss«-Jahr 1938 ein pubertierender Junge, dem die Nazis gelegen kamen. Ein Homme à Femmes, schon in frühen Jahren, wie man auf einem Foto sieht, auf dem der schlanke, große Jüngling in der Uniform des Reichsarbeitsdienstes mit einer brünetten Schönheit posiert.

Mein Vater hat seine Einstellung mir gegenüber nicht beschönigt. Er war, freilich als Kind, der einzige Nazi in der Familie. Nicht im politischen Sinn, denn weder die Politik noch die Rassenideologie interessierten ihn. Doch die Pflichtmitgliedschaft bei der Hitlerjugend zwang seine Eltern dazu, ihn aus den beengten Verhältnissen zu Hause entkommen zu lassen.

»Er ist gerne zur HJ gegangen, weil er da seine Freiheit hatte«, erzählt meine Tante Gudrun, die um neun Jahre jüngere Schwester meines Vaters. »Ich war schon als Kind kein Nazi«, sagt sie. »Ich habe das ganze Singen beim Bund Deutscher Mädchen gehasst und die BDM-Nachmittage regelmäßig geschwänzt. Das war ein Problem für meine Familie, denn die Jugendführerin wohnte in unserem Haus, und meine Mutter musste Ausreden erfinden und erzählte ihr, ich wäre krank.«

Da stellte Tante Gudrun zweifellos eine Ausnahme dar. Die meisten Zeitzeugen waren – wie mein Vater – begeisterte Hitlerjungen. Da gab es Abenteuer, Sport, Gemeinschaft, Lagerfeuer. Und alles ohne Eltern! Dazu schwungvolle Lieder mit einprägsamen Refrains: »Heute gehört uns Deutschland, und morgen die ganze Welt.«

Fragte man heute Zehnjährige, ob sie eine tolle Uniform, Club-Abzeichen und einen Dolch mit Gravur wollen, fänden sie das vielleicht sogar cooler als Computerspielen. Dazu die Mitgliedschaft in einer Art Geheimbund, bei dem alle zusammenhalten. Spiele im Freien, mit Anschleichen, Kampfübungen, Schießen mit Kleinkalibergewehren!

Noch während des Kriegs hat mein Vater radikal umgedacht. Die Ablehnung alles Militärischen habe ich von ihm gelernt. Ich erinnere mich an unsere Ausfahrten zum Angeln. Ich saß am Beifahrersitz des weißen Mercedes. Wir hörten Lieder von Franz Schubert oder Hugo Wolf, und manchmal rezitierte mein Vater auch Gedichte. Er liebte den Dichter Matthias Claudius, und es klingt mir noch heute in den Ohren, wie er dessen »Kriegslied« deklamierte:

»'s ist Krieg! 's ist Krieg! O Gottes Engel wehre,
Und rede du darein!
's ist leider Krieg – und ich begehre
Nicht schuld daran zu sein!

Was sollt ich machen, wenn im Schlaf mit Grämen
Und blutig, bleich und blass,
Die Geister der Erschlagnen zu mir kämen,
Und vor mir weinten, was?

Wenn wackre Männer, die sich Ehre suchten,
Verstümmelt und halb tot

Im Staub sich vor mir wälzten und mir fluchten
In ihrer Todesnot?

Wenn tausend Väter, Mütter, Bräute,
So glücklich vor dem Krieg,
Nun alle elend, alle arme Leute,
Wehklagten über mich?

Wenn Hunger, böse Seuch' und ihre Nöten
Freund, Freund und Feind ins Grab
Versammleten, und mir zu Ehren krähten
Von einer Leich herab?

Was hülf mir Kron' und Land und Gold und Ehre?
Die könnten mich nicht freun!
's ist leider Krieg – und ich begehre
Nicht schuld daran zu sein!«

2010

Im Februar 2010 folge ich den Spuren des Kriegstagebuchs meines Vaters. Ich bin mit meiner Frau Barbara und meinen beiden Kindern unterwegs. Jakob ist elf Jahre alt, Hannah sechs.
Wir übernachten in der Europastadt Strasbourg oder Straßburg – heute ist es egal und kein Politikum mehr, ob man die französische oder die deutsche Schreibweise verwendet. Hier sprechen die Franzosen Deutsch und die Deutschen Französisch. Die lokale Küche schätzt das Kraut, das weltweit als deutsche Spezialität gilt. (Im Jargon der US-Soldaten hießen die Deutschen »Krauts«.)

Strasbourg wurde 1939 in Erwartung eines deutschen Angriffs komplett evakuiert. Niemand hätte sich wohl träumen lassen, dass diese Geisterstadt zehn Jahre später, 1949, zum Sitz des Europarats und dann des Europäischen Parlaments werden würde.
Wir essen Kraut und trinken Bier und schwatzen mit den kontaktfreudigen Einheimischen am Nebentisch. Auf die EU schimpft hier keiner, allenfalls auf das Wetter. Außerordentlich gesättigt gehen wir an Fachwerkhäusern vorbei, den Fluss Ill entlang zum Hotel zurück. Europa, finden wir, ist eine tolle Sache.
An der Autobahn zwischen Strasbourg und der Metropole Paris liegt Verdun. Wir beschließen, hier anzuhalten. Die Kämpfe um Verdun fanden zwar im Ersten Weltkrieg statt, doch schließlich führte der Erste Weltkrieg fast nahtlos in den Zweiten.
Verdun ist ein im Licht des trüben Februartags graues, auch sonst unscheinbares Städtchen, dessen Name zum Symbol für alle sinnlosen Schlachten aller sinnlosen Kriege geworden ist. Die blutigste Schlacht dieses ersten globalen Kriegs fand westlich von Verdun statt. Straßenschilder weisen den Weg zu den Gedenkstätten.
Als wir aus unserem Fahrzeug steigen, ein französisches Fabrikat und mehr Lastwagen als Auto, fegt ein eisiger Wind über die Hügel und durch die Reihen weißer Kreuze. Es ist bitterkalt. Die Vorstellung, bei diesen Temperaturen Tag und Nacht in einem Schützengraben zu verbringen, bei schlechter Verpflegung, und nicht nur mit einem Feind, sondern auch mit einer feindlichen Natur zu kämpfen, hat etwas Schreckliches. Aber im Sommer war der Krieg auch nicht angenehmer.
Das Museum ist wegen Umbaus geschlossen, die WC-Anlage auch. Mein Sohn und ich gehen in den angrenzenden Eichen-

wald, um unsere Notdurft zu verrichten. Auf den ersten Blick sind die vielen kleinen Mulden im Wald charmant. Nach längerem Hinsehen wird klar, dass es sich um Krater handelt, die von der schweren Artilleriemunition in den Boden geschlagen wurden. Alles hier war Kampfzone. Wir pissen auf blutgetränkten Boden.
Wir stehen im Schneetreiben vor einer unüberschaubaren Zahl weißer Kreuze. Auf jedem Kreuz steht ein Name. Das sieht sehr ordentlich aus. Auch die Kolonnen der Soldaten sahen sehr ordentlich aus. Nur das, was geschah, um aus den Reihen von Soldaten diese Reihen von Kreuzen zu machen, erwies sich als ziemlich unordentlich. Historische Fotos zeigen Beine, Hände und andere abgetrennte Gliedmaßen, die zerstreut auf dem Feld liegen. Oder Menschen, von der Wucht der Explosionen auf Bäume geschleudert, in deren Ästen sie in grotesken Todes-Stellungen hängen.

1916

In Verdun fand die erste industrielle Schlacht statt, inklusive Luftkrieg, Terror gegen die Zivilbevölkerung, Giftgas. Die deutschen Soldaten nannten das Schlachtfeld »Knochenmühle«. Der Zusammenhang von Schlacht und Schlachtung wurde offensichtlich.
Der Kampf um die militärisch unbedeutenden Festungen um Verdun begann am 21. Februar 1916 mit einem Angriff deutscher Truppen auf die französischen Stellungen. Er endete am 20. Dezember 1916.
Wer die Schlacht »gewonnen« hat, darüber streiten sich Militärhistoriker noch heute. Tatsächlich dürften die deutschen Trup-

pen ein paar hundert Meter Gelände erobert haben. Strategisch war das für den Kriegsverlauf allerdings von keiner Bedeutung, und die Franzosen fühlten sich als »moralische« Sieger, weil sie den Durchbruch der verhassten und anfangs übermächtigen Deutschen verhindern konnten.

Auch darüber, wie viele Menschen in diesen zehn Monaten getötet wurden, ist keine klare Auskunft möglich. Die Generalstäbe trennten in ihren Statistiken die Toten nicht von den Vermissten, den Gefangenen und den Verwundeten. Das alles lief unter »Verluste«. Ob wer tot war oder verstümmelt oder gefangen, das interessierte wenig. Es gab nur ein Kriterium: kampfbereiter Soldat oder nicht kampfbereiter Soldat. Gekämpft haben vor Verdun insgesamt 2,5 Millionen Soldaten.

Die »Gesamtverluste«, wie es im militärischen Jargon heißt, lagen auf beiden Seiten etwa gleich hoch. Sie werden auf 800 000 Soldaten geschätzt, insgesamt also 1,6 Millionen Soldaten. Alle Bewohner einer Stadt wie Wien oder Hamburg, hingerafft in nicht einmal einem Jahr.

1940

Adolf Hitler posierte nach der Einnahme von Paris auf der Place du Trocadéro, den Blick auf den Eiffelturm gerichtet. Für die Unterzeichnung des Kapitulationsvertrags 1940 ließ sich Hitler eine besondere Demütigung des Gegners einfallen: Der ehemalige Gefreite des kaiserlichen deutschen Heeres ließ den Vertrag in jenem Eisenbahnwaggon unterschreiben, in dem etwas mehr als zwanzig Jahre zuvor der Waffenstillstand zwischen Deutschland und Frankreich unterzeichnet worden war, der den Ersten Weltkrieg beendete.

Wir gehen durch die waldige Kraterlandschaft, damit unsere Hunde ein wenig Auslauf bekommen. Lagen hinter diesem Hügel Scharfschützen? Sprang hinter dieser Eiche ein Soldat hervor, um einen anderen mit seinem Bajonett zu erstechen? Im Nahkampf starben die wenigsten in Verdun. Der französische Hauptmann Auguste Cochin berichtete, oft tagelang keinen einzigen feindlichen Soldaten gesehen zu haben: »Die letzten zwei Tage im eisigen Schlamm, unter furchtbarem Artilleriefeuer, mit keiner anderen Deckung als der Enge des Grabens … Ergebnis: Ich bin hier mit 175 Mann angekommen und mit 34 zurückgekehrt, von denen einige halb verrückt geworden sind. Sie antworteten nicht mehr, wenn ich sie ansprach.«
Im Durchschnitt explodierten in Verdun pro Stunde 10 000 Granaten und Minen. Den Lärm kann man sich schwer vorstellen. Im Winter die Kälte. Im Sommer der Durst. Dazu der Gestank. Überall verwesten Tote, die wegen des Dauerfeuers nicht bestattet werden konnten. Auch die vielen getöteten Pferde (an einem Tag waren es über 7000) konnten nicht verscharrt werden. Wenn man in die Erde grub, fand man immer Leichenteile. Das Wasser schmeckte nach Verwesung. Viele verdursteten. Viele erstickten in ihren Gasmasken. Manche starben an Infektionen durch verseuchtes Wasser. Viele wurden von Granaten buchstäblich zerfetzt, andere von der aufspritzenden Erde lebendig begraben. Tag und Nacht hörte man die Verwundeten schreien. Manchmal schlug eine Granate in ein Lazarett ein, dann war kurz Ruhe.
Wir besichtigen das Beinhaus von Douaumont. Hier werden die »anonymen« Knochen von etwa 130 000 deutschen und französischen Soldaten aufbewahrt. Gemischt. Die Gräber da-

gegen sind noch heute getrennt. Die Kreuze auf dem deutschen Soldatenfriedhof Consenvoye, knapp zwanzig Kilometer nördlich von Verdun, sind schwarz – auch nach dem Tod sollen die Deutschen als Angreifer gekennzeichnet sein.

Vor dem Beinhaus des ehemaligen Forts Douaumont erinnert eine Gedenkplatte an das Treffen zwischen dem französischen Präsidenten François Mitterrand und dem deutschen Kanzler Helmut Kohl im Jahr 1984. Ein rührendes Foto ist zu sehen: Der kleine, schmale, schon von seiner Krankheit gezeichnete Mitterrand und der große, beleibte Kohl stehen nebeneinander da, Hand in Hand, und sehen auf die 15 000 weißen Kreuze vor dem Beinhaus.

Helmut Kohl war der erste deutsche Bundeskanzler, der an einer Gedenkfeier für die Opfer des Ersten und des Zweiten Weltkriegs teilnahm – erst siebzig Jahre nach der Schlacht von Verdun wurde das möglich. Was immer man über Mitterrand und Kohl denken mag – dieses Foto der beiden Männer, die ihre Betroffenheit sichtlich nicht spielten, ist heute noch bewegend.

Tatsächlich berichteten Medien später, Kohl habe eigentlich zu den Feierlichkeiten anlässlich des 40. Jahrestags der alliierten Landung in der Normandie am 6. Juni 1984 kommen wollen, was Mitterrand abgelehnt habe. Hier lag die deutsch-französische Feindschaft wohl noch zu nahe. (Erst zwanzig Jahre später, 2004, nahm Gerhard Schröder als erster deutscher Kanzler an den Feierlichkeiten zum D-Day teil.)

Die Landung in der Normandie und der Kampf um Paris 28 Jahre später hatten ihren Ursprung auch in Verdun. Mitterrands Vater hatte im Ersten Weltkrieg hier gekämpft. Ebenso General Pétain, Kollaborateur des Nazi-Regimes und Chef der französischen Vichy-Regierung. Sein Widersacher, der spätere Präsident des von den Nazis befreiten und wiedervereinten

Frankreich, war in Verdun verwundet und gefangen worden: Charles de Gaulle. Ebenfalls bei Verdun – allerdings 1940 – wurde François Mitterrand beim Vormarsch der deutschen Wehrmacht verwundet.

Die knapp 21 Jahre, die zwischen dem Ende des Ersten und dem Beginn des Zweiten Weltkriegs liegen, wirken im Nachhinein noch kürzer, so wie sich alle historischen Perspektiven mit dem Verrinnen der Zeit verschieben. Ich bemerke jetzt, dass sich auch die Einordnung meines eigenen Lebens in die Geschichte mit zunehmendem Alter verändert. Ich bin 1967 geboren, wurde also in den siebziger und achtziger Jahren groß, und der Zweite Weltkrieg war für mich stets ein Ereignis, das so weit zurücklag wie Stummfilme und Pferdekutschen. Je weiter das Datum meiner Geburt nach hinten rückt, desto mehr verrutscht es für mich in die Nachkriegszeit. 1967, das war ein bisschen mehr als zwanzig Jahre nach dem Krieg. Wenn man selbst zwanzig Jahre alt ist, scheinen einem zwanzig Jahre eine unermesslich lange Zeit. Mit Mitte vierzig sieht es ganz anders aus, und zwanzig Jahre sind plötzlich sehr kurz. Halb scherzhaft, und mir doch des dahinter liegenden wahren Kerns bewusst, sage ich zu meinen Kindern Sätze, die beginnen mit: »Damals, als ich jung war, nach dem Krieg …«

Wir verlassen das Beinhaus von Douaumont und steigen fröstelnd ins Auto. Ich beschließe, auf dem Weg zurück zur Autobahn beim Fort de Vaux vorbeizufahren, einer umkämpften französischen Festung. Ein Schild steht uns im Weg: Straße wegen Schnees gesperrt, steht da. Ach was, denke ich mir, was ist schon das bisschen Schnee für einen Alpenländer wie mich, ich bin noch überall hingekommen, und Winterreifen habe ich auch.

Nach einem Kilometer wird die Straße so richtig steil. Der

Schneebelag ist geschmolzen und wieder gefroren und so rutschig, dass das Auto auch im ersten Gang ausbricht. Die Straße wird immer schlechter, kein Mensch ist zu sehen. Das Auto rutscht bedenklich. Bei der ersten Möglichkeit fahre ich in einen Waldweg, um zu wenden. »Okay, Kinder«, sage ich, »jetzt wird es spannend. Daumen halten, dass wir dieses Stück wieder hinaufkommen.«

»Wenn nicht?«, fragt Jakob.

»Müssen wir die französische Armee anrufen, damit die uns einen Bergepanzer schicken.«

»Ich will nicht auf diesem Geisterfriedhof bleiben«, sagt Jakob.

Hannah macht ihr cooles Gesicht, das anzeigt, sie fürchtet sich.

Ich fahre, so gut es geht, neben der Straße im tieferen Schnee, der hält deutlich besser. Der Schwung reicht gerade, um die letzte Kuppe zu überwinden.

Die Bedrückung, die in Verdun überall zu spüren ist, lässt auf der Autobahn langsam nach.

1944

Mittwoch, 16. August

Ankunft in Paris am Gare de l'Est, von dort nach Gare du Nord zur Unterkunft. Wir besuchen Notre Dame, alles zu Fuß, da erstens Verkehrs- und zweitens Zahlungsmittel knapp sind. Auf der Frontleitstelle weiß man nicht mehr wie die Front verläuft, nur eines ist sicher, nämlich, dass unsere Einheit eingeschlossen ist. Unser »Transportführer«, ein Unteroffizier wie wir alle, nur hat er die Reisepapiere, fasst den heroischen Entschluss, auf einem LKW in den Kessel einzusickern.

Ich kann Vaters Kriegstagebuch nicht scannen. Die Qualität der Vorlage ist zu schlecht, das Texterkennungsprogramm scheitert. Ich muss jedes Wort abtippen. Ich bin ein schlechter Tipper. Ich wähle eine Schrift, die jener seiner Aufzeichnungen ähnelt. Ich bin verblüfft, wie gut er geschrieben hat, mit achtzehn Jahren. Ich bin erstaunt über den ironischen Ton, den Witz. Da wollte einer kein Held sein. Aber war ihm überhaupt bewusst, dass er sich im Zweiten Weltkrieg befand? Beim Sightseeing zur Kathedrale von Notre-Dame mitten in der Schlacht um Paris? War ihm die historische Dimension gewärtig? Der Ton ähnelt jenem anderer Kriegserinnerungen. Schock und Schrecken verschwinden oft hinter einer bemüht fröhlichen Erzählweise. Das Tagebuch liest sich stellenweise so, als hätte der Deutschprofessor in der Schule ein Aufsatzthema gegeben: »Meine Sommerferien«. Oder »Mein interessantestes Abenteuer«.
Am selben 16. August 1944 erschießen Gestapo-Beamte 35 junge Männer und Frauen der Résistance, die von einem Doppelagenten verraten worden waren, im Bois de Boulogne, hinter einem idyllischen Teich. Eine Gedenktafel am Ort des Verbrechens erinnert heute daran, dass die alten Eichen »in ihrem Herzen die Kugeln bewahren«, die diese jungen Menschen getötet haben.

2010

Begeistert höre ich in anderen Ländern Radio. In Frankreich gibt es viele Nostalgie- und Klassiksender, und so lässt sich wunderbar zwischen Piaf und Mozart, zwischen Bach und Brel hin- und herpendeln.
Und es gibt den Verkehrsfunk. Wir hören, die Stadtautobahn

von Reims ist blockiert, zehn Kilometer Stau. Da ich lieber zwei Stunden Umweg in Kauf nehme, bevor ich eine Stunde im Stau stehe (dazu habe ich ein zu ungeduldiges Naturell), beschließen wir, durch die Champagne Richtung Paris zu fahren.

Vom Champagner ist in der Champagne nicht viel zu sehen. Die Weinberge heben sich mattgrau kaum vom dunkelgrauen Himmel ab. Uns fröstelt immer noch.

Als wir in Paris ankommen, ist es bereits finster. Die Pariser Stadtautobahn ist eher nichts für schüchterne Gemüter. Alle hupen, und niemand weiß, warum. Manchmal bahnt sich ein Einsatzfahrzeug mühsam den Weg zwischen den verstopften Spuren. Zweimal verbiegt uns ein vorbeirasender Motorradfahrer den Rückspiegel. Der Himmel hängt voller Leuchtreklamen, und die Verkehrsschilder tragen bekannte Namen: Clichy. Vincennes. Auteuil. Wo das zweite Arrondissement liegt, weiß ich ungefähr, aber wie man am besten hinkommt, das wird minütlich undeutlicher.

Wir blicken staunend auf das Chaos dieser Stadt. Ich habe Paris noch nie besonders gemocht. Meine Tante und mein Onkel haben einst hier gewohnt, in einer Wohnung im noblen 16. Arrondissement. Deshalb kenne ich die Stadt seit Kindheitstagen. Das erste Mal war ich als Fünfjähriger hier bei meiner Tante Iduna, mit Tante Gudrun, der anderen Schwester meines Vaters. (Gerhard, Gudrun und Iduna – die germanische Namensgebung rührte nicht von Deutschtümelei her, sondern von der Begeisterung der Großmutter Mechtilde – noch so ein unmöglicher Name – für althochdeutsche Dichtung.)

Als ich fünf war, hängte mir meine Tante Gudrun eine Geldbörse um den Hals, darin ein Franc-Stück und Tante Idunas Telefonnummer. Falls ich verlorenginge, bläute sie mir ein, sollte ich den erstbesten Menschen anreden und um Hilfe bitten. Das versprach ich hoch und heilig. Als sie sich, um mich auf die Probe zu stellen, hinter einer Säule des Panthéon versteckte und ich plötzlich allein war mitten in Paris, tat ich nichts dergleichen. Meine Augen füllten sich mit Tränen, mein Mund verzog sich zum offenen Rechteck mit kleinen Zähnen, und ich schrie: »Tante Gudrun!«

Daran kann ich mich natürlich nicht erinnern, aber Tante Gudrun erzählt es mir heute noch gern. Dazu kam, empört sich die Tante immer noch, dass ich in eine Art Hungerstreik getreten war. Nach unserer Abreise fanden Onkel Peter und Tante Duni (eine legendär gute Köchin) Reste von Lebensmitteln unter meinem Bett, die ich dort versteckt hatte, um sie nicht essen zu müssen. Im Flugzeug nach Wien, und auch das empört meine Tante Gudrun heute immer noch, stopfte ich alles in mich hinein, dessen ich habhaft werden konnte, als hätte man mir in der Stadt der Lebenslust niemals etwas angeboten.

Auch als Dreizehnjähriger beim Besuch mit meiner Mutter und meiner Schwester hatte ich nicht viel für die Stadt übrig, obwohl ich Serge Reggiani im »Olympia« gesehen habe und mich bereits für die Bilder der Impressionisten begeistern konnte (vor allem die nackten Frauen). Als Neunzehnjähriger fuhr ich mit meiner damaligen Freundin und heutigen Frau noch einmal nach Paris. Der Besuch begann damit, dass wir unseren Koffer auf die Ablage im Gästezimmer wuchteten, worauf diese unter nicht unbeträchtlichen Verwüstungen aus der Wand brach und alles zu Boden krachte. Alarmiert trat Onkel Peter ins Zimmer, begutachtete den Schaden und sprach: »Der Herr hat's gegeben, der Herr hat's genommen, gepriesen sei der Name des Herrn.«

Diese ewigen Worte meines ansonsten gar nicht gläubigen Onkels waren aber auch das einzig Positive in meiner Erinnerung.

Als junger Erwachsener war mir ganz klar, in Paris gibt es zu viele Menschen, vor allem viel zu viele unglückliche Menschen. Woher stammt diese Paris-Phobie? Habe ich als bekennender Landbewohner eine allgemeine Abneigung gegen die Großstadt? Nein, das ist es nicht. Ich fühle mich in Amsterdam nach fünf Minuten wohl. Ich finde London herrlich, ich habe größtes Vergnügen an Rom, das noch chaotischer und lauter ist als Paris, ich bin gerne ein paar Tage in Berlin. An der Sprache liegt es auch nicht. Ich habe das Lycée Français in Wien besucht. In Paris gehe ich sprachlich zumindest als Provinzler durch oder bei schlechter Form allemal als frankophoner Schweizer.
Paris ist ein hartes Pflaster. In Deutschland sind die Eliten ein wenig über das Land verteilt, im seit Jahrhunderten zentralistischen Frankreich konzentriert sich alles auf die Hauptstadt. Wer in Paris etwas werden will, der braucht verdammt viel Härte. Wer nur überleben will, zumindest eine dicke Haut. Aber wir sind nur zwei Tage hier, und ich habe nicht vor, den Kindern meine Abneigung weiterzugeben.
Außerdem haben wir ein echtes Problem, nämlich wie wir die Rue de Marivaux im zweiten Arrondissement finden sollen, in der sich unser Hotel versteckt. Ich habe das Hotel in diesem etwas verwinkelten Bezirk bewusst gewählt. Zwei Straßen weiter, in der Rue de la Michodière, ist mein Vater mit seinem älteren, von ihm »Papa« genannten, Kameraden desertiert.

1944

Donnerstag, 17. August
Nach einem Tag planlosen Herumwanderns in der Stadt besuchen wir abends die Bar in der Rue de la Michodière. Ein wunderbarer Abend, »Papa« und ich beschließen endgültig, nicht einzusickern. Einheiten kommen von der Front und sammeln sich hier, um sinnlos weiterzubrausen Richtung Deutschland, bunt zusammengewürfelt ohne Rücksicht auf Truppenteil. Als wir zu sechst von der Bar auf gut Glück dem Nordbahnhof zusteuern – keiner kennt sich in Paris aus, geschweige denn bei Nacht – ist die Hölle los. Häuser brennen, Feuerwehrsignale, Maschinengewehrgeknatter, Revolverschüsse, Zivilisten gehen nur mit Händen hoch, und wir schleichen uns an Häuserwänden entlang weiter.

Auch die meisten Pariser konnten damals nicht voraussehen, wie sich die Dinge entwickeln würden. Denn es kämpften nicht nur Franzosen gegen Deutsche, sondern auch rechte gegen linke Widerstandsgruppen. Die Résistance bestand aus vielen, teilweise rivalisierenden Formationen, rechten, linken, katholischen, jüdischen, monarchistischen: Forces françaises de l'intérieur (FFI), Francs-tireurs et partisans (FTP), Mouvement de libération nationale (MLN), Liberté, Combat, Libération, Franc-Tireur, Libération-Nord, Défense de la France (DF), Ceux de la Libération (CDLL), Ceux de la Résistance (CDLR) …

2010

Die Rue de Marivaux, in der sich unser Hotel befinden soll, ist so klein, man findet sie auf keinem Stadtplan. Erstmals lobpreise ich das iPhone meiner Frau. Das wundersame Gerät verfügt über ein Navigationsprogramm, und so führt uns die freundliche Stimme einer Dame an der Seine entlang, dann über den Pont Neuf, einige Male im Kreis (jedenfalls fühlt es sich so an), und plötzlich sagt die Dame: »Sie haben Ihr Ziel erreicht.« Wir können unser Ziel nicht erreicht haben, beginne ich zu meckern, denn hier ist weit und breit kein Hotel, jetzt sei diese Maschine endlich aufgeflogen, alles Humbug und Betrug. Doch dann sehe ich an dem Haus hinauf, vor dem wir halten, und da steht zu lesen: Hotel.

Parkplatz hat uns die freundliche Dame freilich keinen gefunden, und so fahren wir zweimal um den Häuserblock. Die Rue de Marivaux ist nicht länger als sechzig Meter, aber immerhin beherbergt sie die Rückseite der Opéra Comique sowie das Geburtshaus von Alexandre Dumas dem Jüngeren, das ist nicht der mit den »Musketieren«, sondern der mit der »Kameliendame«. Ein Auto fährt weg, und wir parken direkt vor dem Hotel ein. Das Autothermometer zeigt sieben Grad minus. Der Nordwind bläst, und nach dem Ausräumen des Autos fröstelt uns wieder.

Das wird im Hotel um nichts besser. Die Heizung ist ausgefallen, es gibt auch kein Warmwasser. In unseren Zimmern ist es klamm und feucht. Sie liegen direkt unter dem Dach, die Wände sind schräg und die Böden bemerkenswert schief.

Wir beschließen, essen zu gehen, vielleicht würde sich die Sache mit der Heizung bis dahin erledigen. Die Chancen dafür, meint der Portier, stünden allerdings schlecht. Samstagabends, da ha-

ben selbst in einer Weltstadt Heizungstechniker im Dienst Seltenheitswert.
Wir gehen ein paar Schritte Richtung Boulevard des Italiens und dann weiter zum Boulevard Haussmann. Vor dem Entlüftungsschacht der Komischen Oper liegen einige Obdachlose. Sie sehen einigermaßen gepflegt aus und besitzen teure Polarschlafsäcke. Es sind drei Männer sowie eine ältere und eine jüngere Frau. Die ältere kämmt sich die Haare, als wir vorbeigehen. Die »clochards«, wie sie in Paris früher hießen, betteln nicht. Jetzt nennt man sie Personen ohne fixes Domizil, vulgo »SDF« (sans domicile fixe), das klingt erstens technisch und zweitens so, als wollten die gar kein Domizil, ist halt so. Der Wind hat noch zugelegt, und mir scheint unser ungeheiztes Hotelzimmer plötzlich recht heimelig.
Auf den Gehsteigen der breiten Boulevards sitzen alle hundert Meter »SDFs«, allein oder in Gruppen. Hinter den Obdachlosen die Auslagen der Luxusgeschäfte, Anzug neunhundert Euro, Kleid achthundert, Uhr fünftausend.
Wir lesen die ausgehängten Speisenkarten der Brasserien und Restaurants. Es sind keine besonderen Lokale, und doch kosten die Hauptspeisen zwischen zwanzig und dreißig Euro. Der billigste Flaschenwein kostet fünfzig Euro. Die Lokale sind voll. Es gibt also offensichtlich genügend Leute, die sich Essen und Trinken auf diesem Preisniveau leisten können, und es macht mich wütend, dass diese wohlhabenden Menschen es sich nicht leisten wollen, Obdachlosen Quartiere zu bieten. Und wieso finden es die Leute in der Stadtverwaltung normal, wenn alle hundert Meter Menschen bei Minusgraden auf der Straße liegen? Mir vergeht dabei jedenfalls aller Hedonismus. Die Flasche Wein mit Blick auf die Elenden zu trinken macht mir keine Freude. Wir kehren bei einem Inder ein. Im Lokal zieht es so,

dass die Kerzen auf den Tischen flackern. Aber die scharfen Speisen wärmen wenigstens von innen.
Als wir ins Hotel zurückkommen, fragen wir, ob die Heizung wieder ginge. Der Portier dürfte keinen Kurs in Krisenmanagement absolviert und auch sonst im Umgang mit Gästen wenig Erfahrung haben. Er reagiert genervt, gestikuliert mit hochgezogenen Schultern und meint, dass er nichts dafürkönne und warum immer er samstagabends so ein Pech haben müsse. Aus welchem Land wir denn kämen, will er wissen. »Österreich«, antworte ich. »Na wenigstens sprechen Sie gut Französisch«, sagt er und meint es wahrscheinlich nett.
Wir schlafen in Wollpullovern und mit Mützen, dennoch ist uns kalt. Das liegt auch an dieser merkwürdigen Bettdecken-Philosophie, von der ich gehofft hatte, sie wäre auf Italien und den Süden Frankreichs beschränkt. Aber nein, auch in Paris bekommt man bei durchaus winterlichen Außentemperaturen nicht etwa eine Daunendecke oder eine dicke Woll- oder zumindest Kunststoff-Tuchent. Nein, auch hier besteht das Bettzeug aus Matratze, Leintuch und einem Polster (so weit normal), sowie einem zweiten Leintuch, auf dem eine kratzige und zudem meist recht abgenutzt wirkende dünne Zweitdecke liegt. Das Leintuch und diese dünne Kratzdecke sind am Fußende des Betts fest unter der Matratze eingeklemmt. Jetzt hat man als Schlafwilliger zwei Möglichkeiten: Entweder man zieht Leintuch und Decke hervor, oder man lässt alles eingeklemmt und zwängt sich irgendwie zwischen Unterleintuch und Oberleintuch ins Bett. Der Nachteil dieser Methode besteht darin, dass man sich weder bewegen noch anständig zudecken kann. Der Vorteil liegt darin, dass einem wenigstens nicht jenes Desaster droht, welches das Herausziehen von Leintuch und Decke heraufbeschwört. Früher oder später gerät nämlich alles durchein-

ander, und meist wacht man mitten in der Nacht auf, röchelnd, das Leintuch um den Hals gewickelt und daher frierend. Verwirrt stöbert man dann im Dunkeln nach der Decke, findet sie irgendwo zusammengeknäuelt und führt sie ihrer eigentlichen Bestimmung zu, bedeckt sich also damit. Das führt aber sehr schnell zu hysterischen Reaktionen, denn erstens kratzt die Decke auf den nackten Beinen, und zweitens sind es nicht die ersten nackten Beine, die sie kratzt, sondern vielleicht die hundertsten oder tausendsten, und das ist kein schöner Gedanke mitten in der Nacht. Also Licht machen. Aufstehen. Hals vom Leintuch befreien und alles schön neu ordnen. Nach etwa zwei Stunden wiederholt sich dasselbe Spektakel. Dementsprechend erschöpft wacht man auf.

Immerhin macht der Chef des Hotels anderntags in Sachen Krisenintervention alles richtig: Er bewundert zuerst die »außergewöhnliche Schönheit« unserer Kinder, dann streichelt er unsere »über alle Maßen entzückenden« Hunde und lobt, wie wohlerzogen sie seien. Das wäre zur Versöhnung an und für sich schon genug, doch der *patron* bittet noch um Verzeihung für alle Unannehmlichkeiten, reduziert den Zimmerpreis um ein Drittel, verspricht uns, eine Elektroheizung zu bringen, lädt uns ein, die Minibar auf seine Kosten zu leeren, und bietet an, uns in sein anderes Hotel zu bringen, wo wir eine warme Dusche nehmen könnten.

Solcherart zufriedengestellt, nehmen wir im Frühstücksraum Platz und merken erst jetzt, wie klein hier alles ist. Verspiegelte Wände erzeugen die Illusion eines Speisezimmers, in Wahrheit handelt es sich um eine Art Kammer mit ein paar Tischchen. Die Bücher an der Wand sind keine Bücher, sondern aufgeklebte Buchrücken, denn für ganze Bücher wäre hier nicht genügend Raum.

Viel Schein. Auch draußen, in der Stadt.
An einem Sonntagmorgen ist es still in Paris. Die Sonne strahlt am blauen Winterhimmel. Wir schlendern mit Kindern und Hunden durch die schmalen Straßen des zweiten Arrondissements. Es fahren keine Autos. Die Straßen sind richtig leer. Am Sonntag erwacht Paris erst am Nachmittag. Im gleißend klaren Licht leuchten die Fensterläden an den Fassaden in hellem Blau und in Weiß. Das verleiht Paris das Flair einer mediterranen Hafenstadt.

1944

Donnerstag, 17. August
Endlich finden wir den Nordbahnhof, und 30 Sekunden, nachdem wir den Eingang durchschritten haben, prasselt eine Maschinengewehrgarbe hindurch. Die halbe Nacht wird der Bahnhof vom Haus gegenüber aus unter Feuer gehalten, aber wir kümmern uns nicht darum, ein paar Narren liegen im Hof und schießen zurück und der junge Leutnant, der sie führt, will auch uns dazu einladen, aber wir sind voll des süßen Weines, räkeln uns auf den Betten und sagen, wir hätten keine Gewehre.
Disziplin ist nicht mehr gefragt. Nachher machen sie einen Gegenangriff, räumen, da sie natürlich nichts anderes finden, denn die Franzosen sind längst weg, eine Weinstube aus und besaufen sich sinnlos. Den Rest der Nacht laden wir Verwundete ein, der Zug besteht nur aus Viehwagen mit Stroh und mitten unter den Stöhnenden sitzen Blitzmädchen, die man im letzten Augenblick noch evakuieren will. Als der Zug voll ist, werden die restlichen Verwundeten

einfach auf dem Bahnsteig liegen gelassen und ich habe später erfahren, dass der ganze Zug nicht mehr abgefahren ist.

Besoffen in Betten räkeln? Und das im »Entscheidungskampf« um Paris? Das klingt so betont gemütlich, so gelassen. Als wäre der Wehrmachtssoldat Gerhard Freund beim Schreiben der Zeilen immer noch betrunken gewesen. Jedenfalls ging er unbewaffnet durch das nächtliche Paris, und später gab er vor, kein Gewehr zu haben. Mir scheint das sehr rätselhaft und so gar nicht zum Bild der erbarmungslos disziplinierten Wehrmacht zu passen. Wo aber waren die Gewehre? In den Betten? Welche Betten überhaupt?
Verbarg mein Vater, mit seinen achtzehn Jahren, seine Gefühle? Hatte er die Coolness der älteren, erfahrenen Soldaten angenommen? Hatte der Tod nichts Erschreckendes? Ist der Tod nichts als eine »prasselnde Garbe«, der man knapp entkommt, gerade noch einmal Glück gehabt? Und die Verwundeten? Sie stöhnen, ja, aber welche Verwundungen haben sie? Waren Bauchschüsse, weggefetzte Gliedmaßen, Blut und kaputtes Fleisch so normal, dass darüber kein weiteres Wort verloren wird? Hat mein Vater neben den Sterbenden mit den Blitzmädchen geflirtet? Paris gehörte zweifellos zu den gefragten Zielen dieser freiwilligen oder zwangsrekrutierten Wehrmachtshelferinnen, die als Telefonistinnen, Fernschreiberinnen und Funkerinnen arbeiteten, als Stenotypistinnen, Bürohilfskräfte oder Botinnen, später auch an den Flugabwehrkanonen. Auf dem Schlips ihrer Uniform befand sich ein Blitz.
»Gut sah sie aus, die Uniform mit dem Schiffchen! Mit dem Blitz, das gefiel mir besonders gut.«
»Wir haben es gut gehabt in Paris. Unterhaltungen, Tanz-

abende, Einladungen. Wunderschöne Feste. Es ist uns einfach gut gegangen.«
»Ja, es war Krieg, aber trotzdem war es irgendwie eine schöne Zeit.«
Zitate aus Interviews mit Blitzmädchen, aus dem Buch »Frauen für die Front« von Rosemarie Killius.
Am Freitag, dem 18. August 1944, eine Woche vor der Befreiung von Paris, desertierte mein Vater. In seinem Tagebuch kommt das Wort »desertieren« nicht vor. Er verschwand mit seinem älteren Kameraden »Papa« in einem billigen Zimmer, zog sich Zivilkleidung an, die sie sich verschafft hatten, und wartete auf das Ende des Krieges. Auf das Ende seines Krieges.
Am Freitag, dem 25. August 1944, wurde Paris offiziell befreit. Einen Tag davor entging mein Vater nur knapp seiner Erschießung. Er war mit »Papa« zwischen die Fronten französischer Milizen geraten. Die Mischung aus Chaos, Wut, Erleichterung und Trunkenheit bedeutete nichts Gutes für einen deutschsprachigen jungen Mann, egal ob in Uniform oder in Zivil.

2010

Das zweite Arrondissement hat keine großartigen Bauwerke zu bieten und keine prächtigen Boulevards. Es ist der kleinste Pariser Bezirk, seit einigen Jahren von einer grünen Bürgerliste regiert. Die Straßen sind verwinkelt, bestens geeignet für revolutionäre Umtriebe; für Heckenschützen, zum Verstecken von Deserteuren, zum Erschießen von Verrätern in dunklen Hinterhöfen, zum Nahkampf und zum Barrikadenbau.
Die Rue de la Michodière ist freundlich und still an diesem klaren Sonntagmorgen. Das einzig nennenswerte Gebäude ist

ein Theater. Ein Schild an der Fassade: »Der Architekt Auguste Bluysen erbaute im Jahr 1925 dieses Theater im Art-déco-Stil. Der von Jacques-Émile Ruhlmann ausgestattete rot-goldene Zuschauerraum fasst 900 Besucher. Die Einweihung erfolgte am 16. November 1925.«

Das Théâtre de la Michodière und mein Vater sind gleich alt.

Ein im Retro-Stil entworfenes Plakat kündigt »Désiré« von Sacha Guitry an. Merkwürdig, mit diesem französischen Filmregisseur und Dramatiker teilt mein Vater das Schicksal, im August 1944 von der Résistance verhaftet worden zu sein. Ein paar Monate zuvor hatte Guitry in der Pariser Oper sein Werk »Von Jeanne d'Arc bis Philippe Pétain« vorgestellt. Den Nazi-Schergen Pétain in eine Reihe mit Johanna von Orléans zu stellen kam natürlich bei den Gegnern der Kollaboration nicht übermäßig gut an. Am 23. August 1944 – einen Tag vor meinem Vater – wurde Guitry von einer Gruppe von Widerstandskämpfern festgenommen und anschließend zwei Monate lang eingesperrt. Später verbreitete er dazu das Bonmot: »Die Befreiung? Ich kann sagen, dass ich als Erster informiert wurde.« Als die Wirren sich legten und die Gerichte wieder funktionierten, fand man allerdings nichts, was man Guitry vorwerfen konnte, ohne gleichzeitig ein paar Millionen anderer Franzosen einsperren zu müssen, und so ließ man ihn wieder frei.

Das kleine Lokal in der Nähe des Theaters preist »Libanesische Spezialitäten« an. War das die Bar, von der mein Vater geschrieben hatte? Oder das vietnamesische Restaurant, fünf Häuser weiter? Die Karte gefällt uns, wir beschließen, am Abend hierher essen zu gehen. Durch die Fenster sehe ich, die Einrichtung sieht altmodisch aus, aber auch nicht nach vierziger Jahren. Vielleicht befand sich die Bar hier, wo jetzt ein todschicker Fitnessclub namens »L'usine«, zu Deutsch: Fabrik, seinen Platz hat. Zwischen freigelegten Ziegelwänden warten Fitnessgeräte auf die Jungen, Schönen und Tüchtigen dieser Stadt. Ein Exemplar dieser Spezies sitzt bereits auf dem immobilen Fahrrad, sieht aber ein wenig alt, zerzaust und müde aus. Wird schon wieder bis zum Mittagessen.

Paris ist eine Stadt, die kein Mittelmaß duldet. Du musst dich überdurchschnittlich anstrengen, um das zu erlangen, was gemeinhin als Erfolg gilt, und tust du es nicht, gehörst du zur großen Masse des Abschaums. Das ist heute nicht anders als im 19. Jahrhundert, als Balzac die Intrigen und den Zynismus der herrschenden Klasse in Paris beschrieb. Immer wieder fällt mir der Ausruf des Emporkömmlings Rastignac aus der »Comédie humaine« ein. Dieser blickt von einer Anhöhe auf Paris hinunter und ruft aus: »Und jetzt zu uns beiden!« Eine Kriegserklärung.

Prächtig liegt Paris auch heute da im Sonnenschein, einschüchternd monumental, als wollte die Stadt sagen: Mich eroberst du nicht so leicht. Es ist auch nur eine Behauptung, dass die Deutschen Paris erobert hatten. Sie hatten die Stadt besetzt, das war alles.

Wir schlendern zurück zum Hotel und dann über den Boulevard Haussmann Richtung Champs-Élysées. Georges-Eugène Haussmann, gesprochen »Ossmann«, gestaltete im 19. Jahrhundert das Stadtbild von Paris, indem er monumentale Sicht- und Verkehrsachsen bauen ließ. Dabei spielten auch militärische Überlegungen eine Rolle, denn auf den großen Boulevards konnte die Armee leichter gegen rebellische Bürger vorgehen. Mussolini und Hitler planten den Umbau von Rom und Berlin zu imperialen Prachtstädten nach Haussmanns Vorbild, was ihnen zum Glück nur teilweise gelang.

Unsere Kinder wachsen auf dem Land auf. Weit kleinere Städte als Paris würden genügen, sie zu faszinieren. Eine U-Bahn-Fahrt ist für sie so aufregend wie für Stadtkinder ein Kuhstall. Als sie zum ersten Mal den Eiffelturm erblicken, erstarren sie: Dass der wirklich so groß ist!

Wir fahren mit einem der Ausflugsschiffe auf der Seine, steigen aus und wieder ein, sehen Notre-Dame, den Louvre, spazieren durch das Quartier Latin und an der Seine entlang. An einer Brücke eine Gedenktafel: »Für die Helden der Barrikaden, gefallen für die Befreiung von Paris, August 1944«. Darunter zehn Namen. Der letzte, am 24. August 1944 Gefallene hieß Pierre Fredon. Zehn von dreitausend Franzosen, die in diesen Tagen beim chaotischen Kampf um Paris ihr Leben ließen. Bei einem Kampf, an dem sich mein Vater nicht beteiligt hat.

An Paris mag ich eigentlich nur die Toten. Der Friedhof Père Lachaise ist für mich der schönste Platz der Stadt. Friedhöfe sind eine Ausstellungsfläche verdichteter Menschenschicksale.

Ein Grab von drei Kurden, »gefallen« in Berlin 1999 ... Ja, man erinnert sich, das war doch diese Geschichte im israelischen Generalkonsulat.

Simone Signoret und Yves Montand.

Marie, 1926–1944, ums Leben gekommen bei den Kämpfen in Paris. Ein hübsches Frauengesicht lächelt von einem verwitterten Grabstein.

Jim Morrison. Oscar Wilde.

Ein Junge mit einem marokkanisch klingenden Namen. Er ist nur vierzehn Jahre alt geworden. Das Foto auf dem Grabstein zeigt einen von der Chemotherapie haarlosen Kopf. Darunter steht ein Fläschchen, halb gefüllt mit Wasser. »Lourdes« steht darauf.

Die Familie fährt zurück ins Hotel, ich nehme die U-Bahn Richtung Nordbahnhof. Ich möchte die Strecke vom Bahnhof

zur Rue de la Michodière zu Fuß gehen, wie mein Vater im August 1944. Die Gare du Nord ist ein mittelgroßer Bahnhof, der Eingangsbereich wie damals verglast. Ich gehe durch das Portal und versuche mir vorzustellen, eine »Maschinengewehrgarbe« würde hinter mir die Glasfront durchschlagen, aber das ist nicht leicht. Ebenso wenig gelingt es mir, besoffene Soldaten in Feldbetten zu imaginieren, oder Viehwaggons mit stöhnenden Verletzten. Es herrscht ein lebendiges Treiben gut gekleideter Menschen, die aus Hochgeschwindigkeitszügen oder Lokalbahnen steigen. Sie kommen aus dem Wochenende, sie haben es eilig. Ich bin der Einzige, der nur herumsteht und schaut.
Vor dem Bahnhof ein Stand mit antiquarischen Büchern. »Les Pensées« von Blaise Pascal, ein Philosoph des 17. Jahrhunderts. Ich schlage das Buch auf, Gedanke Nr. 138: »Alle Menschen trachten danach, glücklich zu sein: Das gilt ohne Ausnahme, was für verschiedene Mittel sie auch dabei anwenden. Alle streben nach diesem Ziel. Es ist derselbe Wunsch, der dazu führt, dass die einen in den Krieg ziehen und die anderen nicht, je nach verschiedener Sichtweise. Der Wille macht niemals den mindesten Schritt, außer auf dieses Ziel zu. Das ist der Beweggrund aller Handlungen aller Menschen, bis hin zu denen, die sich erhängen werden.«
Durch die Rue La Fayette gehe ich Richtung Süden. Sonntagabend-Stau, alles steht, alles hupt. Es dämmert bereits, der Nordwind hat wieder zugelegt. Ich biege in kleine Seitenstraßen ab, ohne Stadtplan. Ich verlasse mich auf meine Orientierung. Auch in den kleinen Straßen steht der Verkehr still. Die Leute hupen aus Gewohnheit. Wirklich erregt wirkt niemand. Die Gesichter der Menschen sind verschlossen, ein Gefühl allgemeiner Einsamkeit drängt sich auf. Alleinsein en masse.
Immerhin, es gibt keine Heckenschützen, kein Artilleriefeuer,

keine Widerstandskämpfer auf Barrikaden, keine Panzer. Ich bin Tourist und kein deutscher Besatzungssoldat. Nach etwa einer halben Stunde komme ich in der Rue de la Michodière an, ohne nennenswerte Visionen oder gar Erkenntnisse über die Befindlichkeit meines Vaters. Was hatte ich auch erwartet? Ja, vielleicht eine Ahnung davon, wie sich der Junge aus der winzigen Wohnung im Wiener Arbeiterbezirk bei seiner ersten »Auslandsreise« in die als verrucht geltende Weltstadt gefühlt haben mag. Verständlich scheint mir die Lust am Abenteuer, die manchmal zwischen den Zeilen zu lesen ist. Paris: In dem Namen schwingt vieles mit, das rote Licht der Nachtclubs und Variétés, die mondäne Atmosphäre der Champs-Élysées, Champagner, kokette Demoiselles in charmanten Straßencafés. Das Leben der Besatzungssoldaten entsprach, vor der alliierten Landung, ziemlich oft diesem Klischee. Der Schriftsteller und Obergefreite Felix Hartlaub beschrieb in seinem Tagebuch »Im Sperrkreis« die merkwürdige Stimmung im besetzten Paris, das er als großes, dekadentes Bordell schildert. Cognac, Champagner und Prostitution bestimmten den Alltag, auch nach der Ausgangssperre ab 23 Uhr.

Mein Vater erkannte als achtzehnjähriger Junge, dass er als deutscher Soldat in der französischen Hauptstadt nichts verloren und daher auch nichts zu suchen hatte. Diese Erkenntnis zeugt von Reife, die folgende Desertion von Konsequenz.

1944

Freitag, 18. August
Früh ist wieder alles ruhig und das Leben ist anscheinend normal. Aber hier und da fällt ein Schuss aus Häuserfenstern und man spürt deutlich das Brodeln des Vulkans. Endlich ist der LKW hier und wir laden das Gepäck auf, kurz nachher sind »Papa« und ich verschwunden und gehen auf Umwegen zur Rue de la Michodière.

Das ist alles, was mein Vater zu seiner Fahnenflucht schreibt. »Verschwunden«. Sein Kamerad »Papa« und er sind einfach »verschwunden«, haben sich Zivilkleider besorgt und sich in einer leer stehenden Wohnung versteckt. Das klingt so undramatisch, so wenig heldenhaft, dass ich einen Militärhistoriker fragte, ob man dieses »Verschwinden« überhaupt als Desertion bezeichnen könne. Wenn man Ihren Vater erwischt hätte, antwortete der Historiker, hätte man ihn zur Abschreckung entweder gleich aufgehängt oder ihm den Prozess gemacht. Bei Prozessen gegen Deserteure während der Nazi-Herrschaft gab es 30 000 Todesurteile, über 15 000 wurden vollstreckt.

2008

Ich sitze in Ohlsdorf in einer Stube und rede mit einem Mann, der wie mein Vater als Achtzehnjähriger zur Wehrmacht gekommen und später desertiert ist. »Ich hatte keine Ahnung«, sagt er, »was ich eigentlich gerade erlebte. Für mich war es ein Abenteuer. Nicht nur der Krieg, auch das Desertieren. Ein großes Abenteuer, weil es gefährlich war.«

Wie er als so junger Mensch überhaupt auf die Idee gekommen war, zu desertieren, will ich wissen.

»Desertieren«, sagt er, »das klingt heute so großartig. Wir waren in Jugoslawien. Jeder von uns hat gewusst, dass unsere Situation hoffnungslos ist. Manche wollten es halt nicht wahrhaben. Das waren die Gefährlichen. Es kommt der Zeitpunkt, da löst sich alles auf. Uns – einem Freund und mir – hat ein älterer Offizier eines Tages zugeflüstert: ›Verschwindet.‹ Das haben wir gemacht. Aber wenn sie uns erwischt hätten, hätten sie uns natürlich aufgehängt oder erschossen.«

»An der Front kann man sterben, als Deserteur muss man sterben.« (Adolf Hitler, Mein Kampf, 1925)

1944

Zu dem Zeitpunkt, als mein Vater in der Rue de la Michodière »verschwand«, hätte es ihm der deutsche Stadtkommandant Generalleutnant Dietrich von Choltitz, wenige Kilometer weiter im noblen Hôtel Meurice stationiert, wohl am liebsten gleichgetan. An diesem 18. August war dem erfahrenen Offizier längst klar, dass er Paris nicht halten konnte. An diesem Freitag erschienen erstmals keine Kollaborations-Zeitungen mehr, die Nazis hatten ihr Sprachrohr verloren. Stattdessen tauchten überall in der Stadt Plakate und Flugblätter auf. Mit durchaus offiziellem Charakter veröffentlichten diese einen von General de Gaulle unterzeichneten »Befehl« an alle wehrfähigen Franzosen, sich den FFI (Forces françaises de l'intérieur) oder einer anderen »patriotischen Miliz« anzuschließen und sich »mit allen Mitteln« zu bewaffnen. De Gaulle befahl, »den Feind überall anzugreifen, auf der Straße, in seinen Stützpunkten; seine

Wachen, Fahrzeuge und Treibstofflager anzugreifen; sich seiner Versorgungslager zu bemächtigen; die öffentlichen Einrichtungen (Wasser, Gas, Strom) gegen jeden Versuch der Zerstörung durch den Feind zu beschützen«. Der letzte Satz des Flugblatts und Plakats verkündet: »Der Sieg ist nah!«

Dietrich von Choltitz ergab sich mit seinen Truppen mehr oder weniger kampflos. Nach seinen eigenen Angaben hatte er sich geweigert, Hitlers Befehl zu befolgen, wonach Paris bis zum letzten Mann verteidigt werden sollte. »Sein Befehl war kurz: Paris zu zerstören, wenn der Feind vorrückte, und es aus den Trümmern zu verteidigen.«

Von Choltitz zögerte, denn er wusste, der Krieg war so oder so verloren. In Paris hatte er etwa 20 000 Mann und einige Panzer zur Verfügung – die Zahl der Panzer schwankt in der historischen Literatur zwischen zwölf und etwa hundert. Der Kommandant von »Groß-Paris« beklagte jedenfalls die mangelnde Ausrüstung. Seine Truppen wären außerdem von »schlechter Qualität« und hätten keinen »Kampfgeist«. Eine richtige Einschätzung, wenn man sich das Beispiel meines Vaters und seines älteren Kameraden ansieht.

Die Amerikaner freilich schätzten die Stärke der deutschen Truppen in Paris stärker ein. US-Präsident Franklin D. Roosevelt und der Oberbefehlshaber der alliierten Streitkräfte Dwight D. Eisenhower wollten bei ihrem Vorstoß zum Rhein ursprünglich an Paris vorbeimarschieren und die Stadt sich selbst überlassen. Das hatte zum einen militärische Gründe: Man wollte keine Truppen in langwierige Kämpfe verstricken und der Wehrmacht keine Chance geben, sich neu zu formieren. Auch die Versorgung einer Bevölkerung von etwa vier Millionen Menschen wollte der amerikanische Generalstab nicht verantworten müssen.

Doch es gab auch politische Gründe: Roosevelt wollte verhindern, dass de Gaulle sich als Chef einer französischen Regierung etablieren konnte. Dieser genoss nicht das volle Vertrauen des amerikanischen Präsidenten, der den Verdacht seiner Offiziere teilte, de Gaulle wolle in erster Linie für Frankreich kämpfen, und nicht gegen Nazi-Deutschland.
De Gaulle und seine Berater gingen – und wie man später sah, mit Recht – davon aus, eine Erhebung der Pariser Bevölkerung könnte die Amerikaner und Briten doch noch umstimmen und zwingen, den französischen Widerstandskämpfern zu Hilfe zu kommen. Dabei spielte sicher auch der fast mythische Status von Paris als europäische Metropole eine Rolle: »Das besetzte Paris ist das schlechte Gewissen der freien Welt«, hatte de Gaulle formuliert und auch damit recht behalten.
Ich kann jedenfalls der Sturheit und Entschlossenheit de Gaulles dankbar sein. Hätte es in Paris keinen Aufstand gegeben und wären die alliierten Truppen tatsächlich an der Stadt vorbei Richtung Deutschland weitergestürmt, wer weiß, was aus meinem Vater geworden wäre. Er wäre vielleicht – wie so viele Tausende anderer junger Männer – als Deserteur hingerichtet oder bei den letzten Abwehrschlachten des Deutschen Reichs verheizt worden, von gewissenlosen und fanatischen Offizieren, die zu jener Zeit längst wussten, dieses Reich würde keine tausend Jahre währen.

Der 19. August ist ein grauer, wolkenverhangener Tag. Der 1518. Tag der deutschen Besatzung. Wie jeden Morgen bilden sich lange Warteschlangen vor den Türen der Bäckereien. Der Pariser Untergrund brodelt, das können viele spüren. Doch niemand ahnt, in welchem Ausmaß sich die Kräfteverhältnisse in der Stadt an diesem Tag verändern werden. Am 19. August

bricht in Paris der Aufstand der Résistance aus. Französische Polizisten, nur mit Pistolen bewaffnet, übernehmen die Polizeipräfektur.
Am Morgen des 20. August besetzt eine Gruppe von Résistance-Kämpfern das Pariser Rathaus. Stündlich werden die Gebäude mehr, auf denen die Trikolore weht.
Es kommt zu Straßenkämpfen mit der Wehrmacht. Aus Sandsäcken, Pflastersteinen, Leiterwagen und Metallteilen errichten die Mitglieder des Widerstands Barrikaden. Deutsche Soldaten können sich nicht mehr in der Stadt bewegen, ohne aus Häuserfenstern beschossen zu werden. Doch für einen Siegesrausch ist es zu früh. Die Widerstandskämpfer haben kaum noch Munition, und eine große Offensive der Deutschen wird befürchtet.
Für de Gaulle drängt die Zeit. Gerüchte über eine ausbrechende Hungersnot und die Angst vor einem Massaker, wie es Wehrmacht und SS seit Anfang August 1944 in Warschau anrichten, bewirken ein Umdenken des alliierten Generalstabs.
Am 22. August um 19.15 Uhr, nach langen Besprechungen mit Eisenhower, gibt Omar N. Bradley, General der 12. US-Heeresgruppe, dem französischen General Leclerc den Befehl, mit seiner Panzerdivision Richtung Paris zu marschieren. Noch in der Nacht macht sich Leclercs Division auf den Weg. Dennoch fürchten die Aufständischen, die Deutschen könnten mithilfe von Panzern und schweren Geschützen die Revolte niederschlagen.
Von Choltitz, der bei der Zerstörung von Sewastopol 1942 gezeigt hatte, dass er zum Schlimmsten fähig war, beginnt etwas, was man nur als einen Eiertanz bezeichnen kann. Der schwedische Konsul Raoul Nordling warnt als Unterhändler von Choltitz, die Alliierten würden ihn persönlich als Kriegsver-

brecher zur Verantwortung ziehen – was später mit zahlreichen Offizieren der Wehrmacht in Nürnberg geschehen sollte. Ebendort, in Nürnberg, saßen von Choltitz' Frau Huberta und seine Kinder, und bei einer Kapitulation gegen den ausdrücklichen Befehl des Führers würden sie nach dem Prinzip der Sippenhaft unter Repressionen zu leiden haben. Der erfahrene General wusste, er würde Paris unter keinen Umständen halten können. Doch was tun? Hitler misstraute nach dem Stauffenberg-Attentat vom 20. Juli 1944 fast der gesamten hohen Offiziersriege. Verhaftungen und Hinrichtungen standen an der Tagesordnung. Einem verdienten General wie ihm, das ahnte von Choltitz, würde der Führer bei Nichtbeachtung des Befehls zur Zerstörung von Paris gnadenhalber den Befehl zum Selbstmord geben – bestenfalls. Abschreckende Beispiele gab es genug: Von Choltitz' Vorgänger, der Militärbefehlshaber von Frankreich General Carl Heinrich von Stülpnagel, ein Mitverschwörer Stauffenbergs, hatte sich einen knappen Monat vorher mit seiner Pistole in den Kopf geschossen. Er wurde schwer verletzt in einem Lazarett verhaftet. In Berlin erwartete ihn der Galgen.

In einem Telegramm vom Oberkommando der Wehrmacht (OKW) an von Choltitz (»der Führer hat folgenden Befehl erlassen«) heißt es unter anderem: »Kein kampffähiger deutscher Mann darf sich jetzt noch ohne einen im unmittelbaren Interesse der Kampffront liegenden Grund im Hinterland aufhalten. Dies gilt besonders für den Bereich von Groß-Paris.« Paris dürfe kein »Sammelbecken für Versprengte und Drückeberger« werden, sondern »der Schrecken aller, die nicht ehrliche Helfer und Diener der kämpfenden Front sind«. Am Ende des Telegramms erteilt Hitler dem Kommandanten von Groß-Paris »gerichtsherrliche Befugnisse«. Offensichtlich war Hitler über die »schlechte Moral« (Moralisten würden von einer guten sprechen) der in Paris stationierten Truppe informiert. Dennoch befolgte von Choltitz die Befehle des OKW nicht oder nur teilweise – etwa die Verteidigung der Frontstadt Paris bis zum letzten Mann, die rücksichtslose Bekämpfung von »Terror, Sabotage und Aufruhr« sowie die Sprengung von 45 Seine-Brücken.

Dem OKW berichtet er von Aufständen, die »blutig niedergeschlagen« worden seien, kritisiert aber indirekt den Führerbefehl, indem er sich außerstande erklärt, ohne drastische Verstärkung Paris verteidigen zu können. Die Ereignisse verliefen anders, als vorherzusehen war, heißt es. Der Verteidigungsring sei zu schwach für die Übermacht der feindlichen Panzerarmee. Der Norden der Stadt – wo sich mein Vater befand – sei in der Hand von Terroristen, die von französischen und amerikanischen Offizieren befehligt würden. Er fordert – wissend, dass die Heeresgruppe West sich quasi in Auflösung befand – Verstärkung an, die er nie bekommen würde. Er schreibt von einem Verteidigungsring im Süden und Westen der Stadt, von der Stellung an der Seine, die bis zum letzten Mann verteidigt würde, und immer wieder von der drückenden Überlegenheit der Alliierten. In dramatischen Blitzmeldungen beschwört er einen heroischen Abwehrkampf herauf, der so nie stattgefunden hat.

Die Berichte von Zeitzeugen lassen vermuten, dass auch im Führer-Hauptquartier verbal herumgeeiert wurde. Keiner getraute sich Hitler die Wahrheit zu sagen: das Schicksal aller Diktatoren und eine Erklärung für ihren Realitätsverlust.

Am 23. August, elf Uhr, ergeht ein letzter »Blitzbefehl« des Führers an von Choltitz, der mit den Worten schließt: »Paris darf nicht oder nur als Trümmerfeld in die Hand des Feindes fallen.« Hitler wollte das Lieblingsspielzeug aus seiner Blitzkrieg-Beute nicht hergeben, dann schon lieber kaputtmachen.

General Dietrich von Choltitz verschleppt die Befehle und nimmt stattdessen Kontakt mit dem Feind auf.

Von Choltitz als »Retter von Paris« zu bezeichnen, wie es manche Historiker tun, scheint mir dennoch auf einer Verdrehung der Tatsachen zu beruhen. Die Alliierten haben Paris gerettet – und seine couragierten Einwohner. So blieb der Stadt das Schicksal von Rotterdam, Warschau, Stalingrad erspart, und auch jenes von Dresden, Hamburg und Berlin.

Von Choltitz' Frau kam relativ glimpflich davon – sie bekam keine Dienstbezüge mehr. Die Rechnung des Generals ging auf: Nach dem Krieg entging er einem Prozess, lebte in Baden-Baden und wurde nach seinem Tod im November 1966 mit militärischen Ehren bestattet.

Hitlers Befehl zur gnadenlosen Verfolgung von Deserteuren in Paris hat er nicht durchgeführt. Gut für meinen Vater und seinen Kameraden »Papa«, die gerade »verschwunden« waren.

Freitag, 18. August

Zuerst wollte man uns getrennt unterbringen, aber mein vorgesehener Quartiergeber versagte und so komme ich auch in die Rue de la Michodière.

Nun beginnt das Debakel. Es bestand die Absicht, uns in einem Landhaus 26 Meilen außerhalb von Paris unterzubringen, aber in letzter Minute erfährt der Besitzer, dass bereits amerikanische Truppen die Straße besetzt hätten und dieser Plan ist erledigt. Unser Mann steht in Verbindung mit der Résistance und wir erfahren nun, dass der deutsche Kommandeur von Paris ein Ultimatum, die Stadt zu räumen, auf Befehl des Führers abgelehnt hätte, dass aber bereits amerikanische und Leclerc Truppen Paris umzingelt hätten und weit darüber hinausgestoßen wären. In Paris selbst hat man keine Ahnung – zumindest nicht der deutsche Landser – wie die Sache steht. Die örtlichen Kommandeure der Ministerien und der Befehlshaber selbst sind längst per Flugzeug abgereist und die beauftragten Offiziere beginnen langsam, die ihnen zugewiesenen Gebäude als Stützpunkte einzurichten. Währenddessen aber ergießen sich von Westen her immer neue Ströme von Frontsoldaten, die irgendwie aus dem Kessel entkommen sind, und die sich nun hier bei den zuständigen Stellen melden wollen. Hier schickt man sie entweder weiter, wenn sie jemand vernünftigen in die Hände fallen, aber in den meisten Fällen werden sie gleich für die Stützpunkte hierbehalten. Der Großteil der Landser aber rennt noch immer fleißig mit dem Karabiner oder der Maschinenpistole am Rücken in die Bordells oder in die Bars und der uneingeweihte Beobachter könnte meinen, dass alles in bester Ordnung sei. Nun ist die Frage, was geschieht mit uns. Zuerst müssen wir aus der Uniform heraus. Innerhalb von zwei Stunden hat man uns das nötige Zivilgewand verschafft und unsere Uniformen wandern, säuberlich verpackt und verschnürt in irgendeinen Seineabfluss. Unser Mann eröffnet uns seinen neuen Plan: Er würde uns solange in einem Hotel eines Bekannten von ihm unterbringen bis er in der Lage wäre, uns eine carte d'identité zu verschaffen und uns sicher aus Paris hinauszubringen. Wir sind's zufrieden – vor allem, weil wir ohnehin nichts anderes machen können – und mit gemischten Gefühlen wandern wir mit unserem Beschützer von der Rue de la Michodière nach der Rue Montmartre.

Das ist nicht weit – etwa fünfzehn Minuten zu Fuß.

Dort in einem kleinen Hotel werden wir unter Anwendung aller konspiratorischen Vorsichtsmaßnahmen in ein kleines Zimmer geführt, das uns vorläufig beherbergen soll. Ein großes Doppelbett und vor allem eine ausgiebige Waschgelegenheit ist das einzig angenehme, das wir bemerken. Nun verbringen wir dort fünf Tage schwankend zwischen Hoffnung und Verzweiflung, ungenügend verpflegt, denn der Kampf in den Straßen von Paris beginnt und unser Beschützer kann uns nur unregelmäßig mit Verpflegung versorgen.

Der Kampf in den Straßen von Paris beginnt, und aus den Zeilen meines Vaters spricht keinerlei schlechtes Gewissen, nicht dabei zu sein. Jedenfalls sind keine Zweifel zu bemerken, eine falsche Entscheidung getroffen zu haben, und auch kein Stolz darauf, durch die Desertion zumindest passiven Widerstand geleistet zu haben.

Es gibt vor allem kein Brot in der Stadt und wenn wir vorsichtig beim Fenster hinaussehen, können wir lange Schlangen vor den Bäckerläden beobachten, die oft einen halben Tag lang stehen, um etwas Brot zu bekommen. Hie und da kommen verwegen aussehende Gestalten mit großen Brotladungen heraus, aber selbst die Résistance muss dazu mit vorgehaltener Pistole in den Laden gehen.

Mein Vater hatte die Seiten gewechselt, und damit auch die Begriffe: »Partisanen« verwandelten sich in »die Résistance«.

Einige Häuser von unserem Hotel entfernt wird eine Barrikade errichtet und Tag und Nacht hört das Schießen nicht auf. Panzer fahren durch die Straßen, aber wir sehen nur deutsche, denn die Amerikaner haben sich, wie wir später erfahren, geweigert die Stadt zu betreten, solange ein deutscher Soldat noch drinnen sei. So kämpfen nun Leclerc und FFI Truppen gegen die deutschen Stützpunkte und dazwischen finden noch kleine Feuergefechte zwischen Franzosen selbst, nämlich zwischen FFI und Kommunisten statt. Deutsche Panzer und Sturmgeschütze schießen oft sinnlos zwischen die Zivilisten auf den Straßen und die Erbitterung scheint groß zu sein.
Ununterbrochen ergießen sich noch Truppen von Westen in die Stadt, die höchstwahrscheinlich sehr erstaunt sind in Paris solche Zustände anzutreffen, denn der Frontsoldat hatte nie eine genaue Vorstellung von dem amerikanischen Vorstoß. Eines Tages wage ich mich hinaus, um eine Zeitung zu kaufen, und es gelingt mir, die erste französische Zeitung, die ohne deutsche Kontrolle herausgegeben wurde, zu erlangen. Leider wurde sie mir später gestohlen.

Am 20. August 1944 um acht Uhr früh besetzt auf der Place de la Bourse, ganz in der Nähe der Rue de la Michodière, eine Gruppe von Journalisten das Gebäude der Agentur Havas, die zum Pressedienst der Kollaborateure geworden war. Um 11.30 Uhr wird die erste Nachricht der freien Agence française de presse hinausgeschickt: »An alle freien Zeitungen von Paris. Durch die Aktionen der Forces françaises de l'intérieur werden kurz vor dem Einmarsch der alliierten Truppen die ersten freien Zeitungen in einem fast vollständig befreiten Paris erscheinen.«

Seit dem 21. August 1944 erscheinen die Untergrund-Zeitungen der Résistance mehr oder weniger offiziell. Unter den Journalisten, die von der Unsicherheit dieser Tage berichten, befinden sich Albert Camus, Jean-Paul Sartre und François Mauriac.
Am selben 21. August erklärt der britische General Montgomery: »Der Sieg ist endgültig, vollständig und entscheidend. Der ›allmächtige Kriegsgott‹ hat ihn uns geschenkt.«

2010

Vom Nordbahnhof zurückkommend, hole ich meine Familie aus dem immer noch kühlen Hotel ab. Wir gehen in die Rue de la Michodière. Das Lokal ist gut geheizt. Die Vietnamesen sind freundlich und kochen sehr gut. Wir genießen Ente mit Ingwer, frittierte Garnelen und Huhn mit Zitronengras und wissen noch immer nicht, ob das einst die Bar war, in der mein Vater und sein älterer Kamerad ihren französischen Verbindungsmann getroffen haben. Der Kellner jedenfalls kennt die Geschichte des Lokals nicht. Wir trinken noch eine Flasche Wein, immerhin ist heute der 14. Februar, mein Geburtstag, und gehen dann an den Obdachlosen vorbei ins Hotel. Wenn man will, kann man sich an sie gewöhnen. Ich will aber nicht.

1944

Seit Freitag, dem 18. August, saß mein Vater mit spärlicher Ernährung und noch spärlicheren Informationen in seinem Hotelzimmer: *So vergeht die Zeit langsam und qualvoll für uns und wir sind wirklich von Herzen froh, als am endlich unser Mann kommt, um uns mitzuteilen, dass sein Versuch uns Ausweise zu verschaffen nun endgültig gescheitert sei, dass er uns aber heute Nachmittag durch Bekannte in einem Auto abholen lassen werde, um uns aus der Stadt zu bringen. Ungeduldig warten wir und wirklich um 15 Uhr ertönt das verabredete Zeichen, ein dreimaliges Klopfen an der Tür. Ich öffne die Tür: Und gebe sofort die Hände hoch. Draußen steht eine verwegene Gestalt mit drohend auf mich gerichteter Pistole, dahinter kann ich noch zwei andere mit Karabinern im Anschlag erkennen. Ich erinnere mich noch ganz genau an diesen Moment, die Pistole erkannte ich sofort als ein uraltes deutsches Modell von einer Sorte, wie sie einmal einem meiner Schulkameraden mitten im Unterricht losgegangen war, ohne dass er sie berührt hätte, nur weil sie ohne jede Sicherung war. Außerdem war der gute Mann selbst mehr erschrocken als ich, als ich die Tür öffnete, und war mindestens einen halben Meter zurückgeprallt, nicht ohne dabei wild mit seiner Pistole in der Luft herumzufuchteln. Jedenfalls erwartete ich jeden Augenblick, dass das Ding ohne Absicht seines Besitzers einfach losgehen würde und meine Gefühle waren nicht die rosigsten. Es geschah jedoch wider allen Erwartens nichts und man führte uns hinunter, ohne uns Zeit zu lassen, auch nur das geringste mitzunehmen. In jeder Etage, die wir hinter uns ließen, stand ein weiterer Posten mit der blau-weiß-roten Armbinde der FFI und mit Karabiner im Anschlag. Wir traten nun auf die Straße und hier gesellte sich ein weiterer Mensch hinzu, wie es schien ein Funktionär, denn er trug anstatt der üblichen Pistole oder Karabiner nur eine Handgranate im Gürtel.*

Er übernahm nun die Führung und – immer noch mit erhobenen Händen – gingen wir auf die Barrikaden zu. Plötzlich bogen wir kurz nach rechts, wurden durch einen Eingang einer langen Bretterwand geführt, der dadurch entstanden war, dass man einfach ein paar Bretter herausgerissen hatte, und befanden uns nun in einem großen quadratischen Hof, spärlich mit Gras bewachsen und rings mit Brettern umgeben, in einer Ecke achtlos hingeworfenes Gerümpel und kein zweiter Ausgang weit und breit zu sehen. Als wir uns langsam quer über den Hof bewegten, wurde das Gefühl in mir, dass es nun zur Exekution ginge, immer fester, und als aus irgendeinem Grund der Konvoi immer langsamer wurde und unsere Führer etwas zu besprechen schienen – wir verstanden beide kein Wort französisch – wurde dieses Gefühl in mir zur Gewissheit. Das erste Mal in meinem Leben hatte ich das Gefühl, dem unentrinnbaren Tod ins Auge zu sehen. Ich weiß nicht mehr, wie lange es dauerte, bis sich unsere Begleiter einig geworden waren, die Gedanken jagten sich in meinem Hirn und ich habe mich später gewundert, dass ich auch nicht im Entferntesten an eine Möglichkeit des Auswegs gedacht hatte. Ein Entkommen wäre auch schlechterdings unmöglich gewesen. Wie dem auch sei, unser Zug bewegte sich nun weiter und zu unserer größten Erleichterung – auch »Papa« war totenblass geworden – wurden einige Bretter an der gegenüberliegenden Wand weg gehoben und wir befanden uns wieder auf der Straße. Nun gingen wir vielleicht zehn Minuten durch die Straßen von Paris, einer neben dem anderen, ohne ein Wort zu sprechen, vor uns der erwähnte Pistolenträger, der aber nicht normal nach vorwärts ging, sondern verkehrt, mit der einen Hand die Pistole auf uns gerichtet, mit der anderen die Passanten aus dem Weg weisend, die sich bei unserem Herannahen sofort in die Häuser flüchteten, nicht vielleicht, weil sie vor uns Angst hatten, sondern weil, wie wir später erfuhren, die Gefahr eines Straßenkampfes überall dort bestand, wo sich die FFI Männer auf der Straße zeigten, denn wenn keine deutschen Truppen in der Nähe waren, so wurden sie von der ehemaligen Vichy Miliz beschossen, die sich noch in den Häusern versteckt hielt, oder sie kriegten sich mit Kommunisten in die Haare. Wir bemerkten auch, dass alle Barrikaden nach zwei Seiten befestigt waren. Endlich langten wir an unserem Bestimmungsort an, in der Mairie des zweiten Arrondissements.

Die Mairie, das Rathaus, des zweiten Arrondissements befindet sich heute an derselben Adresse wie 1944, in der Rue de la Banque. Von der Rue Montmartre zur Rue de la Banque geht man etwa fünf Minuten, und nach einem längeren Weg klingt die Beschreibung meines Vaters nicht.
Das lokale Komitee zur Befreiung des zweiten Arrondissements wird von Joseph Domerego geleitet, einem Kommunisten und Post-Gewerkschafter, der einen Streik bis zur endgültigen Befreiung von Paris ausruft und eine Miliz der Postbeamten gründet. Im Oktober 1944 wird Domerego zum Bürgermeister des Stadtviertels gewählt. Er bleibt bis zu seinem Tod 2001 Ehrenbürgermeister. Sehr gut möglich, dass mein Vater ihm begegnet ist, mitten im »revolutionären Leben« des August 1944.

In allen Räumen dort herrschte das typische revolutionäre Leben, Bewaffnete kamen und gingen, elegant gekleidete Funktionäre besprachen sich mit apachenhaften Barrika-

denkämpfern, ausgelassene Fröhlichkeit gemischt mit Besorgnis und Geschäftigkeit und mitten in diesen Trubel wurden wir nun hineingestoßen. Glücklicherweise fielen wir einem deutsch sprechenden Offizier in die Hände und nachdem man uns alle unsere Papiere abgenommen hatte, wurden wir in ein kleines Amtszimmer geführt, wo bereits einige verdächtige Personen unter Bewachung eines französischen Offiziers saßen. Hier erlebten wir als mehr oder minder unbeteiligte Zuschauer das Schauspiel der Haarschneideprozeduren an französischen Frauen, die sich mit deutschen Soldaten abgegeben hatten. Als der Abend hereinbrach wurde das Bureau geschlossen und man brachte uns in einen anderen Trakt – immer unter schärfster Bewachung – wo wir in einer Roten Kreuz Station die Nacht verbringen sollten. Es sollte die aufregendste Nacht meines Lebens werden.
Schon im Anfang konnten wir bemerken, dass ein ständiges Kommen und Gehen von bewaffneten FFI Angehörigen begann und es dauerte nicht lange, bis wir herausbekommen hatten, dass diese Leute immer nach einem Angriff auf die deutschen Stützpunkte hierher zurückkamen, um sich zu stärken. Es wurden Sandwiches gereicht von Roten Kreuz Schwestern und vor allem Wein, Wein, und immer wieder Wein. Zuerst schenkte man uns keinerlei Aufmerksamkeit. Als sich jedoch mit hereinbrechender Nacht das Lokal immer mehr füllte, sprach sich herum, unter welchen Umständen wir hierher gekommen waren und die Menge nahm eine immer drohendere Haltung ein. Schließlich und endlich wurden wir in eine Ecke gesetzt und in ungefähr zwei Metern Abstand setzten sich zwei Männer der FFI mit den drohend auf uns gerichteten Pistolen.

Immer mehr Leute begannen sich um uns zu sammeln, darunter fiel mir ein Mann mittlerer Größe besonders auf, der uns schon früher aus der Ferne immer mit stechendem Blick beobachtet hatte. Plötzlich entstand eine Bewegung, alles blickte Richtung der Türe und hereintrat ein baumlanger Neger, elegant gekleidet, den Hut etwas verwegen in die Stirn gerückt, Hände in den Hosentaschen, so dass man eine riesige Pistole erkennen konnte, die in seinem Gürtel hing. Er teilte die Menge, schritt geradenwegs bis zu uns hindurch und kam gerade zurecht den Burschen, der mir schon früher aufgefallen war, von uns abzulenken, als dieser gerade mit trunkener Stimme Flüche murmelnd sich über uns beugte. Mir war absolut nicht leichter, als nun der Neger seine Stelle einnahm, aber heute bin ich überzeugt, dass dieser Neger uns wenn schon nicht das Leben gerettet, so doch mindestens vor ernstlichen Behandlungen bewahrt hat, denn die Männer wurden immer betrunkener und wie das Folgende bewies, hätten wir die Nacht in diesem Lokal kaum überlebt.

Der Schwarze galt in der Nazipropaganda als dumm, primitiv und brutal. So gesehen war es kein Wunder, dass mein Vater, der vielleicht noch nie zuvor einen farbigen Menschen gesehen hatte, sich vor diesem besonders fürchtete. Vor dem baumlangen »Neger«, dem er und ich und meine Kinder unser Leben verdanken.

Ich glaube, mein Vater hat mir erzählt, der Schwarze wäre Amerikaner gewesen, ein Sergeant der U.S. Army. Ich habe mich im Lauf der Jahre daran gewöhnt, die Geschichte so zu erzählen. Doch weder steht im Tagebuch etwas von einem alliierten Unteroffizier, noch sprechen die Fakten dafür, denn zu diesem Zeitpunkt waren noch keine offiziellen US-Truppen in den Norden der Stadt vorgedrungen. Entweder handelte es sich also um einen gut Englisch sprechenden, aus den Kolonien stammenden Franzosen aus Leclercs Truppe oder um einen amerikanischen OSS-Mann. Der amerikanische Militärgeheimdienst Office of Strategic Services hatte Verbindungsleute in die Stadt geschickt, um die Lage zu erkunden. Allerdings wurden Afrikaner unter der Nazi-Herrschaft rassisch verfolgt. Es wäre also ziemlich merkwürdig, hätte man als Geheimagenten ausgerechnet einen im damaligen Paris nicht ganz unauffälligen Schwarzen entsandt.

Wie auch immer: Der »Neger« muss ein Mann mit Autorität gewesen sein, sonst wäre es ihm nicht gelungen, die beiden Gefangenen zu retten.

Unser Retter in der Not sprach ein gutes Englisch und war der erste seit Stunden, mit dem wir uns anders als durch Gesten und Mimik und durch das mühevoll hervorgestotterte Wort Autrichien verständigen konnten. Wir sagten ihm, dass wir uns hier nicht sicher fühlten, erklärten ihm die Umstände, unter denen wir gefangen genommen worden waren und konnten ihn überzeugen, dass es sich um zwei völlig harmlose Kriegsmüde handelte und nicht wie man scheinbar allgemein annahm um verkleidete deutsche Spione. Er fasste einen kurzen Entschluss und führte uns in das benachbarte Polizeigefängnis. Natürlich nicht ohne gezogene Pistole und ohne einen Schwarm grölender Menschen hinter uns herzuziehen, die uns an allen möglichen Körperteilen hielten, um jede Fluchtgefahr auszuschalten. Es ging nun wieder in einen anderen Trakt und nachdem wir einen finsteren Gang langgeführt worden und unsere paar Habseligkeiten, die man uns vom Hotel nachgebracht hatte, nun glücklich wieder bei der Polizeiwache losgeworden waren, warf man uns in eine finstere, vergitterte Zelle. Im ersten Augenblick konnten wir überhaupt nichts unterscheiden, aber kurz darauf hatten wir uns zurechtgefunden und erkannt, dass es sich um einen kahlen Raum handelte, um dessen Wände eine lange Bank führte, und dass diese Bank bereits von anderen Zivilisten beinahe besetzt war. Wie wir später entnehmen konnten handelte es sich hier um collaborationsverdächtige Franzosen. Das Klosett, natürlich in französischer Art, war innerhalb des Raumes und wurde nicht selten von den Insassen der Zelle benützt. Von Zeit zu Zeit lösten sich aus dem Dunkel des Ganges Gestalten, die an die Zellen herantraten und mit den Zelleninsassen Kontakt aufzunehmen versuchten. Es waren Frauen mit geschnittenem Haar, ein einmaliger Anblick, der mich an das Mittelalter erinnerte. Draußen begann sich ein beträchtlicher Lärm zu entwickeln. Die Marseillaise wurde gesungen und punkt zwölf läuteten alle Glocken der Stadt: De Gaulle zog in Paris ein. Kurz darauf setzte ein ohrenbetäubender Lärm ein. Die Marseillaise hörten wir mindestens fünfzehn Mal in dieser Nacht und deutlich konnten wir die typischen Geräusche eines Trinkgelages größten Ausmaßes unterscheiden. Von Zeit zu Zeit wurde unser Gang durch eine Taschenlampe erleuchtet, denn hier befand sich auch außerhalb ein Klosett, das in der Nacht ziemlich häufig benutzt wurde. Regelmäßig leuchtete dann der Besucher mit seiner Lampe in unsere Zelle hinein, um sich die Vögel anzusehen, die hier gefangen saßen. Wir stellten uns schlafend, denn man konnte ja durch einen Blick schon die

Leute reizen, und wer hätte sich schon darum gekümmert, wenn einer kurz aber herzlich einmal hier hereingeschossen hätte?

Mit letzterer Bemerkung hatte mein Vater wohl recht – in dem allgemeinen Durcheinander hätte sich wohl niemand darum gekümmert. Nicht recht hatte er allerdings mit der Mutmaßung, de Gaulle wäre um Mitternacht in die Stadt eingezogen – er kam erst am nächsten Tag nach Paris. Doch alle Glocken der Stadt läuteten, auch die schwere Glocke von Notre-Dame. Ihr Läuten gab den Parisern Mut – denn noch hatten sich die Deutschen nicht ergeben.

Freitag, 25. August
Endlich dämmerte der Morgen. Trotz unserer keineswegs angenehmen Lage waren wir glücklich, hier herinnen zu sitzen, denn was hätte uns wohl in der Roten Kreuz Station während der Siegsfeier erwartet? Hier und da wurde unsere beschauliche Stille – auch die anderen Gefangenen unterhielten sich kaum – durch eine Polizeipatrouille unterbrochen, die in die Zelle hereinkam, und den einen oder anderen herausholte. Wir erfuhren später, dass dies überführte Mitglieder der Vichy Miliz gewesen waren, die unter uns in einem Keller sofort exekutiert wurden.

Am Donnerstag, dem 24. August 1944, gegen 20.30 Uhr, erreicht Capitaine Raymond Dronne an der Spitze von 150 Männern als erster »freier Franzose« die Hauptstadt. Der Rest von Leclercs Panzerdivision folgt am nächsten Morgen. Immer wieder kommt es zu Scharmützeln mit Deutschen, die sich in Widerstandsnestern verschanzt haben. Dennoch herrscht bei vielen

Fahrern aus Leclercs Armee der Eindruck, mehr von der jubelnden Bevölkerung als von Deutschen aufgehalten worden zu sein. Überall klettern feiernde Menschen auf die Fahrzeuge, schenken den Soldaten Wein und Küsse.

Leclerc errichtet sein Hauptquartier am Bahnhof Montparnasse. Gegen 14.30 Uhr ergibt sich von Choltitz und wird vom noblen Hôtel Meurice in der Rue de Rivoli zum Bahnhof Montparnasse gebracht.

Am Freitag, dem 25. August 1944, um 15.30 Uhr, nimmt General Philippe Leclerc vor dem Bahnhof Montparnasse die Kapitulation der deutschen Besatzungstruppen an. Das Dokument wird von General Dietrich von Choltitz sowie vom Pariser FFI-Führer Colonel Henri Rol-Tanguy unterzeichnet. Als Gegenleistung für die sofortige Einstellung des Feuers sichern die Franzosen den gefangenen Wehrmachtssoldaten Schutz vor der aufgebrachten Pariser Bevölkerung zu.

Eine Stunde später kommt de Gaulle zum Bahnhof. Leclerc übergibt ihm das Kapitulationsschreiben. De Gaulle zeigt sich wenig erfreut, die Unterschrift des Kommunisten Rol-Tanguy darauf zu sehen. Genau wie Eisenhower möchte auch de Gaulle den kommunistischen Einfluss nicht zu stark werden lassen. Doch gleichzeitig muss er das gespaltene Land nun vereinen und einen Bürgerkrieg verhindern. De Gaulle hält eine mitreißende Rede vor einer begeisterten Menschenmenge und proklamiert sich zum Chef der provisorischen Regierung der Französischen Republik, die nie zu existieren aufgehört habe.

Am 26. August stehen de Gaulle und Leclerc an der Spitze eines Triumphmarschs über die Champs-Élysées. Hunderttausende jubeln ihnen zu. Auf den historischen Filmen wirkt de Gaulle äußerst nervös. Kein Wunder, der Marsch stellt ein riskantes Unternehmen dar, denn erstens lauern Luftwaffen-Bomber auf

ihre Chance, Rache zu üben, und zweitens ist die militärische Lage in der Stadt noch immer nicht ganz geklärt. Als de Gaulle in der Kathedrale von Notre-Dame einem Festgottesdienst beiwohnt, kommt es draußen in der Rue de Rivoli zu einer Schießerei zwischen Heckenschützen (in diesem Fall Balkonschützen) und Polizisten. Wer auf wen schoss und warum, konnte nie geklärt werden. Doch Vorfälle wie diese hörten in den folgenden Tagen auf. De Gaulle hatte seine Autorität behauptet – im doppelten Sinn des Wortes.
Paris hatte weder für die Wehrmacht noch für die Alliierten strategische Bedeutung. Dennoch: Statt der Hakenkreuzfahne wehte nun die Trikolore auf den Fahnenmasten der französischen Hauptstadt. Die Symbolkraft war enorm.

2010

Wir EU-Bürger können unsere Reise in die Vergangenheit unbehelligt fortsetzen. Wir lassen Champs-Élysées und Eiffelturm hinter uns und fahren aufs Land. In die Normandie. An jene Strände des Ärmelkanals, an denen 1944 die westlichen Alliierten gelandet sind und den Untergang des Nazi-Reichs besiegelt haben.
Die Autobahnen sind leer, wer sollte an einem Februarmontag auch ans Meer fahren? Unterwegs schneit es wieder. Dennoch brauchen wir für die gut zweihundert Kilometer an die Strände des Ärmelkanals nur etwas mehr als zwei Stunden. Die Alliierten haben für dieselbe Strecke in umgekehrter Richtung zweieinhalb Monate gebraucht.
Meine Schwester Natalie war mit einem Franzosen verheiratet, dem Schriftsteller und Journalisten Franz-Olivier Giesbert.

(Heute sind sie geschieden.) Franz-Olivier Giesberts Vater war Amerikaner. Er landete am 6. Juni 1944 in der Normandie an der Nordwestküste Frankreichs. An diesem Tag, dem D-Day, begann unter dem Decknamen »Overlord« die bis heute größte Militäroperation der Weltgeschichte: Mit etwa 6000 Schiffen, 12 000 Flugzeugen und 170 000 Soldaten griffen die alliierten Streitkräfte Nazi-Europa von Westen her an.
Das Invasionsgebiet war in fünf Landungsabschnitte aufgeteilt. Die geheimen Codenamen lauteten Juno, Gold, Sword (britisch/kanadische Landungsabschnitte) sowie Utah und Omaha (US-amerikanische Landungsabschnitte). Der Vater meines ehemaligen Schwagers landete in Omaha. Deutsche Maschinengewehrschützen saßen in ihren Bunkern auf den Klippen hoch über dem Strand und mähten die Soldaten, die aus den Landungsbooten ins flache Wasser stürmten, buchstäblich nieder. Siebzig Prozent, lautet die statistische Zahl der ersten Stunden an Omaha Beach.
Siebzig Prozent Verluste.

1944

1944 herrschte in der sanften Landschaft der Normandie Krieg. Tod und Zerstörung zogen über das Land. Vor der Landung am 6. Juni heulten fast Tag und Nacht die Luftschutzsirenen. Alliierte Verbände bombardierten die Küste und das Hinterland, um deutsche Stellungen zu zerstören. Präzision existiert in keinem Krieg. Das, was heute zynisch »Kollateralschaden« genannt wird, brachte die Bevölkerung der Normandie gegen die Alliierten auf. Auf einem Archivfilm sehe ich eine normannische Landstraße nach einem Tieffliegerangriff. Eine Frau streichelt ihre tote Mutter, der das halbe Gesicht fehlt. Zerfetzte Kühe und Pferde mit aufgetriebenen Bäuchen verwesen auf den Feldern. Wo Bauernhöfe gestanden waren, befinden sich anderntags nur noch Krater. Eltern, gebeugt vom Schmerz, tragen ihre verstümmelten Kinder zu Grabe.

Mit den deutschen Besatzern hatte man sich in den Jahren zuvor arrangiert – jedenfalls mit den einfachen Soldaten der Wehrmacht. Während SS und Gestapo gemeinsam mit französischen Kollaborateuren gnadenlos Jagd auf Juden, Kommunisten, Saboteure und Widerstandskämpfer machten, verhielten sich die Soldaten der Wehrmacht in Frankreich vor Beginn der alliierten Landung großteils korrekt – wenn man denn bei einer Besatzungstruppe diesen Begriff gebrauchen kann. Und da niemand an eine Landung der Alliierten in der Normandie glaubte, galt eine Versetzung dorthin als Glücksfall: Milch, Butter, Fleisch, Fisch, frisches Brot, Cidre, Calvados und freundliche Mädchen, davon konnten die Landser an der Ostfront nur träumen. Auf beiden Seiten zeigte niemand großes Interesse daran, den scheinbaren Frieden zu stören. Die Bauern wollten ihrer Arbeit nachgehen, und die Besatzungstruppen waren angehalten, sie dabei in Ruhe zu lassen.

Es verwundert also wenig, wenn die Zivilbevölkerung für die beginnende Befreiung Frankreichs (und in weiterer Folge des Kontinents) wenig Begeisterung aufbrachte. Churchill hatte sogar Angst, die Stimmung in der Normandie könnte zugunsten der Deutschen kippen. Schließlich war in der Region England jahrhundertelang der Erzfeind Frankreichs gewesen. Geschichte lässt sich nicht auslöschen. Der englische Premier beschwor seine amerikanischen Verbündeten, die Zahl der zivilen Toten durch die Bombardements auf zehntausend zu beschränken. Eine horrende Quote des Leids, immer noch, wenn

man nicht in Zahlen, sondern an Familien, an Menschen, an Existenzen denkt. Der Preis der Freiheit war hoch. Die ihn bezahlten, taten es nicht freiwillig.
Doch der amerikanische Präsident teilte Churchills Sorgen nicht: »Wie bedauerlich zu erwartende Verluste unter den Zivilisten auch sein mögen«, schrieb Roosevelt, »so bin ich nicht bereit, dem militärischen Handeln der verantwortlichen Kommandeure aus der Ferne irgendwelche Zügel anzulegen, die aus deren Sicht den Erfolg von ›Overlord‹ schmälern oder zusätzliche Verluste unter unseren alliierten Invasionstruppen verursachen könnten.«
So trugen vor allem die Zivilisten das Leid der Bombardements, die der Invasion vorangingen. Als die Landung begann, waren bereits 15 000 tote und 19 000 verletzte französische Zivilisten zu beklagen. Der britische Historiker Antony Beevor schreibt in seinem monomentalen Werk »D-Day – Die Schlacht um die Normandie«: »Es ist ein ernüchternder Gedanke, dass während des Krieges 70.000 französische Zivilisten von alliierter Hand sterben mussten, mehr als die Gesamtzahl der Briten, die die Deutschen mit ihren Bomben töteten.«
Nach den Bombern kamen die Panzer und die Soldaten. Aus dem Westen Amerikaner, Briten, Kanadier, aus dem Osten Deutsche. Alliierte Tiefflieger durchfurchten den Himmel, tagein, tagaus. Sie schossen auf alles, was sich bewegte. Der Typhoon-Pilot Desmond Scott berichtet in seinen Memoiren von dem Augenblick, als er sich das Ergebnis seiner Angriffe ansah: »An zerschossenen Panzern und Bäumen klebten Uniformteile, menschliche Überreste hingen in grotesker Stellung über brandgeschwärzten Hecken. Leichen in eingetrockneten Blutlachen starrten mit aus den Höhlen getretenen Augen ins Leere. Zwei Tote im grauen Soldatenrock, denen die Beine fehl-

ten, lehnten an einem Erdwall, als verharrten sie im Gebet.« Ausgebrannte Fahrzeuge, Wracks, zerstörte Panzer blockierten die Straßen. Überall lagen tote Menschen herum. Als wären sie achtlos weggeworfen worden. Ein Leben war nichts wert. Das Leben war nichts wert.

Die Einwohner der Normandie gerieten zwischen die Fronten. Manchmal wurden die Befreier euphorisch begrüßt und gefeiert. Doch es herrschte auch Angst, die Deutschen könnten doch noch gewinnen und sich rächen.

Einige kämpften anscheinend auch gegen die Alliierten, wie Antony Beevor berichtet: »Manche amerikanische Soldaten kamen zu der Überzeugung, Franzosen, sogar Frauen, hätten sich aufseiten der Deutschen an den Kämpfen beteiligt. Einer der Ranger von der Pointe du Hoc berichtete unmittelbar nach der Schlacht: ›Wir sind Zivilisten begegnet, die aus deutschen Gewehren auf uns feuerten und der Artillerie als Beobachter dienten. Wir haben sie erschossen.‹ Amerikanische Soldaten töteten deutsche Kriegsgefangene, die verdächtige Bewegungen machten. Nervös, wie sie waren, meinten sie, die Gefangenen wollten sie austricksen.«

Alle Seiten missachteten die Genfer Konvention, jene zynische und doch hilfreiche Sammlung von Spielregeln für den Krieg. Die SS folterte und massakrierte Kriegsgefangene. Politische Häftlinge (meist Franzosen) starben massenweise durch Exekutionskommandos, bevor die Befreier kamen. Doch auch Soldaten der alliierten Streitkräfte waren vor der Entmenschlichung, die der Krieg mit sich bringt, nicht gefeit. Da gab es zum Beispiel bei den Fallschirmjägern der 101. Luftlandedivision den Auftrag, sich nach Gutdünken der Gefangenen zu entledigen, wenn sie das Fortkommen behinderten. Da wird von einem Fallschirmjäger berichtet, der die Ohren der von ihm getöteten Deutschen, an einer Schnur aufgefädelt, mit sich herumtrug. Ein Reporter der »Baltimore Sun« beobachtete, wie ein GI einem verletzten, bewusstlosen Deutschen eine Kugel in den Kopf jagte. Beevor schreibt: »Zuweilen waren die Franzosen aber auch erschrocken darüber, wie leicht es manchem amerikanischen Soldaten fiel, Gegner zu töten. In einer Kleinstadt fragte eine Französin, was sie mit vier Deutschen anfangen sollte, die sich in ihrem Haus versteckt hatten. ›Da sich keiner mit ihnen befassen konnte‹, berichtete ein Lieutenant des 10. Panzerbataillons, ›haben wir sie an die Wand gestellt und erschossen.‹«

2010

Auf der Autobahn Richtung Normandie hören wir »Radio Nostalgie«. Der Sender spielt ein Chanson von Boris Vian aus den frühen fünfziger Jahren. Das Lied war in Frankreich lange Zeit verboten. Es heißt »Le déserteur«. In einer getragenen, fast monotonen, aber unglaublich einprägsamen Melodie wendet sich ein Mann singend an den Präsidenten:

»Monsieur le Président
Je vous fais une lettre
Que vous lirez peut-être
Si vous avez le temps …«

Der Mann hat seine Einberufungspapiere bekommen, noch vor Mittwochnacht soll er in den Krieg ziehen. Doch er ist nicht auf der Welt, um andere Leute zu töten, deshalb hat er seinen Entschluss gefasst: Er wird desertieren.

Und nicht nur das – er wird durch das Land ziehen und allen Leuten predigen, die Befehle zu verweigern. Denn zu viel Unheil hat der Krieg schon über seine Familie gebracht – über seinen Vater, seine Mutter, seine Brüder, seine Kinder, über ihn selbst. Er weiß, die Polizei wird ihn holen. Zum Schluss heißt es, etwas frei übersetzt:

»Noch kurz, noch ein Moment:
Ihr stehlt uns unser Leben,
Wollt Ihr das Eure geben?
Wohl kaum, Herr Präsident.
Ihr schickt sie morgen her,
Ihr seht das Blut gern fließen,
Sie können ruhig schießen,
Ich habe kein Gewehr.«

In Caen verlassen wir die Autobahn. Hier kann man das Meer bereits riechen.
»Wie viele Quadratmeter hat unser Ferienhaus?«, fragt meine Frau.
»Sechzig?« Ich weiß es nicht mehr genau. Aber ich weiß, wo der Zettel liegt, den ich mir ausgedruckt habe. Ich habe das Haus über Internet gebucht. Ursprünglich war ein altes normannisches Haus mit Strohdach mein Favorit, charmant eingerichtet, zwanzig Kilometer vom Meer entfernt, mit offenem Kamin und Garten. Das wollten aber die Kinder nicht, denn wenn es regnet, sagten sie, regnet es durch das Dach hinein, da halfen keine Beteuerungen, wonach früher viele Häuser mit Stroh und Schilf gedeckt waren. Überhaupt hören die Kinder nicht gerne, was früher war (der Schilling, kein Computer). Ich hätte dieses nette Haus trotzdem genommen, aber es wurde gerade reno-

viert. Also entschied ich mich für das Ferienhäuschen mit den meergrünen Fensterläden. »Hundert Meter von den Landungsstränden entfernt«, stand auf der Website zu lesen. Heizung vorhanden. Waschmaschine, Geschirrspüler, Fernseher. Hunde erlaubt. Es sah auf den Fotos zwar nicht sehr charmant aus, aber immerhin – es stand quasi am Meer und kostete 170 Euro die Woche, das war ein faires Angebot.

Barbara liest den Zettel: »Dreißig Quadratmeter Wohnfläche.«

Die freundliche Delphine erwartet uns vor der Gemischtwarenhandlung in dem kleinen Ort Asnelles, nicht weit vom auch nicht viel größeren Arromanches entfernt. Unser Haus liegt am Rand einer Ferienhaussiedlung. Es gleicht einem Wohnwagen ohne Räder, wobei man sich keinen allzu großen Wohnwagen vorstellen darf. Aber die quadratische Kiste enthält tatsächlich zwei Schlafzimmer, Küche, Ess- und Wohnzimmer in einem, Bad und WC extra, im Grunde ein architektonisches Wunder. Wir finden alle Platz, wobei einschränkend gesagt werden muss: Wenn die Hunde auch noch am Boden liegen, muss man sitzen bleiben, wo man eben sitzt, weil man nicht mehr aufstehen, geschweige denn gehen kann. Aber was soll's, wir leben zu Hause in einem großen Haus mit großem Garten, und im Urlaub sucht man ja bekanntlich Abwechslung.

Vor der Tür unserer Villa riecht es nach Ozean, eine fernwehgetränkte Mischung aus Algen, Salz und einem Hauch Diesel. Tatsächlich ist das Meer nur ein paar Schritte entfernt: eine große, im Abendlicht graue Wasserfläche und ein Sandstrand, der sich Hunderte Meter ausbreitet, bevor das Wasser beginnt.

Den Hunden gefällt das deutlich besser als Paris. Aicha, die Ältere, macht sich auf die Suche nach fressbarem Strandgut. Daria, die Jüngere, jagt Möwen. Sie rennt ihnen nach, bis wir am Horizont nur noch die Silhouette eines Hundes im aufsprit-

zenden Wasser wahrnehmen. Daria lässt sich von der vollkommenen Aussichtslosigkeit, tatsächlich eine Möwe zu erwischen, nicht entmutigen.
Wir gehen auf Gold Beach spazieren, einem britischen Landungsabschnitt. Am 6. Juni 1944 um 7.30 Uhr war der ganze Küstenabschnitt zuerst bombardiert, danach von Kanonenbooten beschossen und schließlich von Raketenwerferschiffen aus kurzer Distanz unter Dauerfeuer genommen worden. Dennoch blieben einige der deutschen Bunker intakt. Es kam nicht zu einem Blutbad wie wenige Kilometer weiter westlich bei Omaha Beach, doch auch hier, an »unserem Strand«, starben alliierte Soldaten. Der Kommandant des Infanterieregiments der Royal Hampshires und mehrere Offiziere befanden sich unter den ersten Opfern.
Wir entdecken seltsame Felsformationen, die bei Ebbe mühelos zu erreichen sind. Beim Näherkommen sehen wir, dass es sich nicht um Felsen, sondern um Stahlbetonkonstruktionen handelt. Ich klettere darauf herum, während die Familie am Strand bleibt. Innerhalb der merkwürdigen künstlichen Felsen haben sich kleine Tümpel gebildet, in denen ich Muscheln und Krebse beobachten kann. Mich haben Wassertiere aller Art schon immer fasziniert.
Als ich wieder aufblicke, bemerke ich, das Wasser ist rasant gestiegen. Die kleine künstliche Insel ist bereits vollkommen vom Meer umspült. Ich stehe vor der Wahl, Hose und Schuhe nass zu machen und zum Ufer zu laufen, oder auszuharren und zu warten. Allerdings warte ich nicht gerne. Außerdem weiß ich nicht, wie lange und wie hoch das Wasser steigen wird. Wozu diese hufeisenförmige Anlage diente, erfahre ich am nächsten Tag.
Im »Musée du Débarquement« in Arromanches hängt ein Schild neben der Kasse: »Gedenken Sie mit uns aller, die für die

Freiheit ihr Leben gelassen haben. Ihnen ist dieses Museum gewidmet.« Eine Schulklasse ist hier. Im Geschichtsunterricht im Lycée Français habe ich vor allem zwei Dinge gelernt: Napoleon war ein toller Mann, und die Résistance hat Frankreich von den Nazis befreit. Mittlerweile dürfte es bis in die Lehrbücher durchgedrungen sein, dass nicht alle Franzosen Widerstandskämpfer und auch die Amerikaner, Briten und Kanadier an der Befreiung beteiligt waren. Vor allem aber habe ich in der Schule Französisch gelernt, was mir nun zugutekommt.

Schülerinnen und Schüler drängen sich mit uns um eine große Vitrine. Die Kinder sind fünfzehn, sechzehn Jahre alt und mucksmäuschenstill, als der Historiker, der durch das Museum führt, die Geschichte des künstlichen Hafens von Arromanches zu erklären beginnt.

Bereits 1942 hatte es einen Landungsversuch kanadischer Truppen bei Dieppe in der nördlichen Normandie gegeben. Die Landung scheiterte kläglich, die Kanadier wurden getötet oder gefangen genommen. In der Folge dieser desaströsen Aktion hatte Hitler die Erbauung des »Atlantikwalls« befohlen: Arbeitskommandos errichteten auf einer Länge von fast 2700 Kilometern entlang der Atlantikküste Befestigungsanlagen – vom Norden Norwegens bis in den Süden Frankreichs. Kanonen, Bunker, MG-Stellungen, Stacheldraht, Panzersperren, Seeminen, Landminen wurden vor allem dort in höchster Dichte platziert, wo Hitler die Landung erwartete: in der Gegend von Calais, wo das englische Festland am nächsten ist. Sämtliche Hafenstädte verwandelten sich in Festungen. Denn eines war klar: Um eine Landung logistisch zu bewältigen, brauchte man die Infrastruktur eines Hafens. Lager, Verladerampen, Tankstellen und vieles mehr. Sowohl die alliierten Oberbefehlshaber um Eisenhower und Montgomery als auch Hitlers Generäle von Rundstedt und Rommel wussten: Die ersten 24, maximal 48 Stunden würden über den Erfolg einer Landungsaktion entscheiden – so entstand der Begriff »der längste Tag«.

Die Hafenstädte an der Küste, das hatte man bei Dieppe gesehen, waren praktisch nicht einzunehmen, ohne sie vollkommen zu zerstören. Am Beispiel von Caen, einer nur wenige Kilometer von den Landungsstränden entfernten Hafenstadt, bewies sich die Stärke der Wehrmacht in diesen Bereichen. Während alliierte Truppen bereits weit ins Landesinnere vorgestoßen waren, konnte Caen erst am 9. Juli, über einen Monat nach der Landung, befreit werden. Die Stadt wurde dabei völlig zerstört. Es gab Tausende Tote. Der Wiederaufbau dauerte bis in die sechziger Jahre.

Es heißt, Winston Churchill selbst hatte die Idee, in den Landungsabschnitten zwei künstliche Hafenbecken anzulegen, erklärt der Historiker im Museum von Arromanches der beeindruckten Schulklasse. Die sogenannten Mulberry-Häfen wurden im Landungsabschnitt Omaha Beach sowie bei Arromanches errichtet.

Betonkästen, so groß wie Hochhäuser, wurden konstruiert, über den Ärmelkanal geschleppt und an der Küste geflutet. Auf den Resten davon war ich herumgeklettert. An diesen Fundamenten befestigten Pioniere und Ingenieure schwimmende Pontons und versenkten ausgemusterte Schiffe als zusätzliche Wellenbrecher. Allerdings zerstörte ein schwerer Sturm »Mulberry A«, sodass nur noch »Mulberry B« bei Arromanches als künstlicher Hafen zur Verfügung stand. Dieser ermöglichte es einerseits, Versorgung und Nachschub zu entladen, mehrere Millionen Tonnen insgesamt. Andererseits konnten verletzte Soldaten und Kriegsgefangene nach England gebracht werden. Wir hören zu und sehen uns das detailverliebt nachgebaute

Modell des Hafenbeckens an. Eines dieser Details sind die merkwürdigen Ballons, die in der Verkleinerung wie Luftballons aussehen, und die überall im Hafen, an Stahlseilen befestigt, etwa hundert Meter über der Erde schweben. Diese Ballons, erklärt der Historiker, waren sehr einfache und sehr effektive Mittel, um Tiefflieger-Angriffe zu verhindern. Denn die feindlichen Flugzeuge würden sich in den Stahlseilen der Ballons verheddern und abstürzen. Außerdem war der Hafen von Arromanches mit Dutzenden Flugabwehr-Batterien gesichert. Die Deutschen versuchten, die Anlage zu bombardieren, doch es gelang ihnen nicht.

Die alliierte Luftüberlegenheit war mitentscheidend für den Erfolg der Landung, erzählt der Experte den Kindern. Kinder? Damals mussten sie sich in diesem Alter bereits auf den Kriegsdienst vorbereiten. Ich übersetze, so gut ich kann, für Jakob. Jakob schwankt zwischen Kriegslüsternheit (Kanonen! Flugzeuge! Explosionen!) und großer Nachdenklichkeit. Auf jeden Fall interessiert ihn alles, was mit dem D-Day zu tun hat. Nur die überlegenen deutschen Panzerbataillone wären in der Lage gewesen, die Invasion abzuwehren, erklärt der Militärhistoriker. Doch Hitler hatte verfügt, dass nur er selbst deren Einsatz befehlen durfte. Als die Kämpfe in der Normandie begannen, schlief Hitler. Bis zum späten Vormittag wagte niemand, ihn zu wecken. Rommel, für die Verteidigung des Atlantikwalls zuständig, feierte in Herrlingen bei Ulm den Geburtstag seiner Frau. Wegen des prognostizierten schlechten Wetters bis zum 10. Juni hatte niemand mit der Invasion gerechnet.

Als die Wehrmacht langsam und chaotisch zu reagieren begann, war es zu spät. Ein Glück für Frankreich, für Europa, für die Welt, schließt der Historiker. Die Schulklasse applaudiert und wir mit ihr.

Die Dame, die an der Kasse des Museums Dienst tut, kommt uns nachgelaufen. In wenigen Minuten würde im kleinen Kinosaal ein Film über die Invasion der Alliierten beginnen, in deutscher Sprache.
Wir sehen uns den Film an. Er dauert nur zehn Minuten. Der Sprecher redet zwar mit einer tiefen, beruhigenden Stimme, doch die Bilder sind alles andere als kindergerecht. Soldaten, die aus Booten springen. Soldaten, die durch das Wasser an den Strand laufen. Und immer wieder: Soldaten, die tödlich getroffen in den Sand sinken. Ein Interview mit einem: »Uns war schlecht, uns war kalt, wir waren nass und wir wollten nur eines: an Land.«
Für Hannah ist das Schlimmste der Lärm: Kanonendröhnen, Sirenengeheul, Gewehrschüsse, im Hintergrund das tiefe Brummen der Bombermotoren und das sich manchmal entfernende, aber umso lauter zurückkehrende Pfeifen der Tiefflieger und das Rattern ihrer MGs. »Für kurze Zeit schweigen die Kanonen«, sagt der Sprecher. »Die Deutschen wurden überrollt.«
Barbara geht mit Hannah hinaus.
Ich nehme mir fest vor, kriegerische Sprachklischees wie »schweigende Kanonen« und »überrollte Deutsche« tunlichst zu vermeiden. Aber ist es nicht auch schon ein Klischee, dass Sirenen heulen und Tiefflieger pfeifen und MGs rattern? War dieser Krieg nicht unbeschreiblich viel schlimmer als alles, was man darüber sagen könnte? Und überhaupt, habe ich angesichts des Grauens das Recht, das Anekdotische unserer Urlaubsreise neben den Krieg zu stellen?
Die Frage beschäftigt mich auch während des Abendessens in unserem Puppenhaus: frische Baguette, goldgelbe normannische Salzbutter, Schinken, Pasteten und natürlich Käse der Region, Camembert, Bouille, Neufchâtel, Livarot. Die Normali-

tät des Alltags wirkt obszön gegen die Last der Geschichte. In der feuchten, salzigen Luft vor unserem Häuschen rauche ich eine selbstgedrehte Zigarette. Was sollen wir der Vergangenheit entgegenhalten, wenn nicht unser Leben? Wird meine echte Betroffenheit nicht falsch, wenn ich verschweige, dass mir der Pinot noir zum Käse schmeckt? Ich rauche noch eine und beschließe, die Normalität unseres heutigen Lebens in das Buch aufzunehmen. Wir sind, wie viele hier, Kriegstouristen. Nicht von Sensationsgier getrieben, sondern von dem Wunsch, zu verstehen. Nebenher genießen wir die Banalität des guten Lebens. Wir sind nun mal nicht im Krieg, Gott sei Dank.

Anderntags recherchieren wir weiter. Wir fahren nach Saint-Laurent-sur-Mer, von dort an den Strand bei Les Moulins. Hier beginnt Omaha Beach.

1944

In seinem Buch »L'Américain« erinnert sich mein ehemaliger Schwager Franz-Olivier Giesbert an die Erzählungen seines Vaters: »Am 6. Juni 1944, dem Tag der Landung der Alliierten an der Küste der Normandie, roch Papa nach Erbrochenem. Er hatte es überall, auf den Händen, den Ärmeln, selbst am Hals. Er hatte gerade Stunden damit verbracht, auf dem Boot seine Eingeweide in den Helm zu kotzen. Man hatte ihm gesagt, es sei die Seekrankheit. Aber er wusste, es war die Kriegskrankheit.

Er mochte weder das Meer noch den Krieg, Papa. Und befand sich in beiden gleichzeitig … Ich bin mir sicher, in dem Augenblick, als er seine Füße in das Landungsboot setzte, in dem die anderen Gestalten, aufgefressen von der Seekrankheit und mehr tot als lebendig, sich von den Wellen bedecken ließen, mochte Papa niemanden mehr. Sich selbst sicher nicht, gedemütigt davon, eine solche Angst zu verspüren. Noch weniger den General Omar Bradley, seinen Chef und seine Witzfigur, der aus der Ferne den Ablauf der Landung verfolgte, auf seinem Admiralsschiff, mit Wattekugeln in den Ohren, damit, vor allem, seine Trommelfelle nicht zerstört würden.

Das Landungsboot schaukelte wild, und es ist wahrscheinlich, dass Papa noch ein bisschen Galle spuckte, wenn ihm noch eine blieb, bevor er ins Meer sprang, um die letzten Meter zu Fuß zurückzulegen.

Das Meer war rot. Das gehörte zu den wenigen Dingen, die er mir selbst über den Krieg erzählt hat, dass er zum Ufer gelaufen ist, unter dem Feuer des Feindes, in Blutwasser. Er lief wie alle anderen, zitternd bis ins Knochenmark, den Mund offen, das Auge erloschen und mit dem Ausdruck schwachsinnigen Erstaunens, wie manche auf ihrem Totenbett.«

Auf der anderen Seite der Front standen die deutschen MG-Schützen. Zwei davon sind namentlich bekannt: Heinrich Severloh und Franz Gockel.

Severloh, später von amerikanischen Medien »die Bestie von Omaha« genannt, war 21 Jahre alt. Er hatte den Befehl, die landenden Amerikaner abzuschießen. Mit dem gefürchteten MG42 und seinem Wehrmachts-Karabiner gab er über zwölftausend Schuss ab. Es heißt, Heinrich Severloh habe bis fünfzehn Uhr über dreitausend Menschen getötet oder schwer verletzt.

Der US-Soldat David Silva wurde durch Severlohs MG-Beschuss schwer verletzt. Jahrzehnte später fanden die einstigen Feinde in Omaha Beach als Freunde wieder zusammen. Sie hatten einander bereits in den sechziger Jahren kennengelernt, als

Silva als Militärgeistlicher in Karlsruhe stationiert war: »In dem Moment, da ich damals aus dem Landungsboot und in dein MG-Feuer hinausmusste, rief ich Gott an, mir zu helfen, lebendig aus dieser Hölle herauszukommen. Ich gelobte, dafür später Pfarrer zu werden und als solcher anderen Soldaten zu helfen ...«

In einem Radiointerview sagte Severloh: »Bei jedem, den man tötet, tötet man einen Teil von sich selbst, und ich habe damals viel von mir getötet – viel zu viel ...«

Der Soldat Private Frederick Giesbert, Sohn deutschstämmiger Immigranten, war 24 Jahre alt, als er im Kugelhagel die französische Küste erreichte. Der Großvater der Kinder meiner Schwester studierte in Boston Malerei. Er stammte aus einer kunstsinnigen, wohlhabenden Familie, in der Bildung und gute Erziehung an erster Stelle standen. Als Frederick 1945 als Held aus dem Krieg zurückkehrte, erkannte ihn seine Mutter nicht wieder. Aus ihrem sanften, fröhlichen Jungen war ein schweigsamer, zur Gewalttätigkeit neigender Mann geworden. All das, meint Franz Olivier Giesbert, passierte an einem Tag, dem 6. Juni 1944: »Papa kam halb taub aus dem Krieg zurück. Er sagte, das käme von den Granaten, während der Landung. Ich glaube eher, es kam von den Schreien seiner verletzten Kameraden, die er hinter sich gelassen hatte. Er würde sich immer Vorwürfe machen, die Befehle befolgt zu haben. Nicht stehen geblieben zu sein. Nicht weich geworden zu sein.

Ein einziges Mal hat er nicht gefolgt. Kaum aus dem Landungsboot heraußen, sah mein Vater eine hilfesuchende Hand aus den Wellen ragen. Er ging hin und ergriff die Hand. Doch am anderen Ende war nichts. Nur Brühe und Blut.«

Franz Gockel, der zweite namentlich bekannte deutsche MG-Schütze, achtzehn Jahre alt, befand sich in einem der »Widerstandsnester« genannten Bunker, als die Landung begann. »Gegen vier Uhr, in der Dämmerung, sahen wir erst dunkle Punkte im Dunst, dann eine unübersehbare Flotte. Der Horizont war schwarz. Das waren mehr Schiffe als deutsche Soldaten. Ich lag ganz allein in meinem Erdbunker, völlig machtlos. Ich habe gebetet und geschrien: ›Heiliger Josef! Heilige Mutter Gottes! Steh mir bei!‹ Ich hab gebetet, dass ich nach Hause kann, zu meinen Eltern und Geschwistern. Ein amerikanischer Veteran erzählte mir später, sie hätten auch gebetet. Wir haben gebetet und uns gegenseitig erschossen. Dann kamen die Jagdbomber. Und die ersten Bomben und Granaten. Heulend und zischend gruben sie sich in den Boden, ich kroch unter den MG-Tisch. Überall war Dreck und Qualm, ich hatte Sand zwischen den Zähnen. Fliegerabwehr gab es nicht. Den ganzen Tag habe ich kein deutsches Flugzeug gesehen.

Um sieben kamen die Landungsboote, und das Morden begann. Unsere Artillerie, die fünf Kilometer weiter zurücklag, schoss mächtig, aber es waren zu viele Boote. Auf den kleineren waren zehn bis zwanzig Soldaten. Die sind an der Seite runtergesprungen. Das Wasser war zirka 300 Meter zurück und ging ihnen bis zu den Knien. Es war ein tödlicher Wettlauf zum Strand, bis dorthin hatten die Soldaten keine Deckung.

Als sie kamen, habe ich geschossen. Von der ersten und zweiten Welle hat es keiner an den Strand geschafft. Da glaubte ich einen Moment: ›Mensch, wir packen das!‹ Man sieht da nur den Gegner und denkt: ›Der oder ich. Du musst dich wehren, wenn du überleben willst.‹ Langsam kam die Flut. Die Verwundeten krochen vor ihr davon. Viele Tote oder Schwerverwundete wurden an den Strand geschwemmt. Ein Amerikaner sagte mir später, er habe nicht vermeiden können, auf tote oder verwundete Kameraden zu treten.

Um acht Uhr wurde mein MG zerschossen. Eine Granate traf den Bunker. Ich befreite mich von Holz und Erde, bin raus und wieder rein. Kaum war ich drin, wieder ein Volltreffer. Wieder lag ich unter Schutt und neben mir eine halbe 7,5-Zentimeter-Granate. Ich habe dann mit dem Karabiner weitergeschossen. Gegen drei Uhr bin ich zum Mannschaftsbunker. Als ich zurückwollte, hieß es, da kannst du nicht mehr hin, da ist der Ami. Ich wollte über einen Wall steigen und fühlte einen Schlag in der Hand. Die Finger baumelten nur noch an den Sehnen. Zwei Kameraden haben mich verbunden und gesagt: ›Mensch, das ist ein guter Heimatschuss!‹ Diese beiden habe ich, wie so viele andere auch, später auf dem Friedhof wiedergefunden.«
1958 kehrte Gockel in die Normandie zurück. Er traf amerikanische Veteranen und setzte sich für die deutsch-französische und die deutsch-amerikanische Versöhnung ein. Er wurde zum Ehrenbürger der Gemeinde Colleville-sur-Mer ernannt und erhielt für seine Bemühungen um die Völkerverständigung das deutsche Bundesverdienstkreuz.

2010

Omaha Beach ist ein schöner Strand. Das glasklare Wasser des Meers plätschert gemächlich über Sand und Kies. Unsere Hunde laufen übermütig zwischen uns hin und her, dazwischen beißen sie manchmal in eine Welle. Die Sonne steht hoch am Himmel, doch es ist kalt. Auf den Dünen, etwas weiter hinten, wachsen schilfartiges Gras und kleine Sträucher. Gute Deckung, denke ich. Hoch oben auf den Klippen thronen die Überreste eines deutschen Bunkers. Sonst erinnert nichts an den Krieg. Dennoch kann ich mir nicht vorstellen, hier im Sommer Urlaub zu

machen, am Strand zu liegen, den Blick über das Wasser zu genießen, mit den Kindern Sandburgen zu bauen.
Als Frederick Giesbert Omaha Beach erreichte, stolperte er zunächst über einen Kumpel, einen Farmer aus Nebraska. Der kniete am Strand, mit blutüberströmtem Kopf, und redete wie aufgezogen von seinem Kind, das im Herbst auf die Welt kommen sollte. Mit jedem Satz kam ein Blutschwall aus seinem Mund. Etwas weiter stieß Soldat Giesbert auf einen jüdischen Pianisten aus New York. Der kroch über den Strand und suchte verzweifelt den Arm, der ihm fehlte. Ein dritter Kamerad hielt sich die Eingeweide, aus lauter Angst, sie könnten ihm aus der aufgerissenen Bauchhöhle fallen.

Frederick Giesbert mit seiner französischen Frau Marie Berthe

Das Massaker in Omaha Beach war kein Unfall. Ein Pionier, der den Strand im Vorfeld erkundet hatte, berichtete dem US-General Bradley, Omaha sei ein extrem schwieriges Gelände, es würde enorme Verluste geben. Bradley antwortete: »Ich weiß, mein Junge, ich weiß.«

Wir fahren weiter zum amerikanischen Friedhof von Colleville-sur-Mer. Unter Pinienbäumen, auf grünen Wiesen, hoch über dem Meer, sind hier 9386 Gräber aneinandergereiht. 9386 Stelen aus weißem Marmor in Form eines Kreuzes oder eines Davidsterns. Auf jedem der Gräber steht ein Name. Wir gehen durch die Reihen, lesen Namen und Lebensdaten. Fast alle enden 1944. Auch die Kinder sind sehr still geworden.

Den Besuch des Memorial Centers verweigern Jakob und Hannah. Sie haben Hunger. Während der Fahrt nach Isigny-sur-Mer wärmen wir uns im Auto auf. Isigny ist die bekannteste Butter- und Käse-Stadt der Normandie. Hier verarbeiten einige Traditionsbetriebe die fette, schmackhafte Milch zu edlen Produkten. Die Kinder jammern schon vor Hunger, und die Aussicht auf Baguette mit Camembert aus Isigny tröstet sie wenig. Als sie einer McDonald's-Filiale ansichtig werden, gibt es kein Entrinnen mehr. Uns ist es egal. Amerikanisches Essen passt zu diesem Tag.

Nach Cola, Burger und Pommes frites fahren wir an die Pointe du Hoc an der nahen Steilküste. Der Strand liegt hier dreißig bis vierzig Meter unter den senkrecht aufragenden Klippen. Auf der Ebene darüber schlendern wir über grüne Wiesen und genießen den Ausblick über die schroffe Küstenlandschaft.

Denselben großartigen Ausblick nutzten auch die Deutschen, die hier umfangreiche Bunkeranlagen mit zahlreichen Geschützen errichtet hatten. Die gewaltigen Krater der alliierten Bombardements auf diese Stellungen überziehen heute noch das damalige Schlachtfeld. Auch die Bunker oder die Reste davon hat man im Zustand von 1944 belassen.

Ein Rangerkommando der U.S. Army nahm am D-Day die Pointe du Hoc ein. Die Elitetruppe war auf Strickleitern die Steilküste nach oben geklettert. Ich überwinde eine Absperrung, um die Steilwand entlang nach unten zu blicken. Unvorstellbar, hier heraufzuklettern, zumal die Deutschen anfangs leichtes Spiel hatten, die Ranger von den Leitern zu schießen und Handgranaten auf sie fallen zu lassen. Doch diese gaben nicht auf und schafften es letztendlich, die Stellung einzunehmen. Neunzig Mann von ursprünglich 225 waren übrig geblieben.

Kriegsneurosen, heute als posttraumatische Belastungsstörung bekannt, lähmten die Truppen auf beiden Seiten. Viele junge Soldaten erlitten einen Schock, wenn sie zum ersten Mal mit Gefechtslärm, Artilleriebeschuss und sterbenden Kameraden konfrontiert wurden. Manche starrten nach einer Schlacht nur mehr vor sich hin (»two-thousand-yard stare«). Manchen hatte es regelrecht die Sprache verschlagen. Andere zitterten so, dass sie sich nicht einmal eine Zigarette anzünden konnten. Viele schluchzten, heulten und riefen nach ihrer Mutter. Die Sterbenden riefen oft nach ihrer Mutter, ein Urinstinkt, der die Umstehenden schockierte. Doch nicht nur das Sterben der Freunde schwor psychische Grenzzustände herauf, auch das Töten. Fast alle Soldaten, egal welcher Nation, berichten, es habe sie in einen Schockzustand versetzt, das erste Mal einen Menschen getötet zu haben. Die meisten gewöhnten sich daran und litten dennoch ein Leben lang darunter.

Bei der U.S. Army kümmerten sich Psychologen um die sich dramatisch häufenden Fälle von »battle psychoneurosis«. Bei der Wehrmacht waren psychische Zusammenbrüche nicht vorgesehen. Deserteure oder »Wehrmachtszersetzer«, die sich selbst in die Hand oder den Fuß schossen, um nach Hause zu kommen, wurden hingerichtet.

Der Kriegsreporter Ernie Pyle erlebte die Invasion in der Normandie: »Der Tod kam wie am Fließband, in einem Land nach

dem anderen, Monat für Monat und Jahr für Jahr. Tote im Winter, Tote im Sommer. Tote, so vertraut und beliebig, dass es einem geradezu eintönig wurde. Tote in so ungeheuerlicher Vielzahl, dass man sie fast zu hassen begann.
Es gibt keinen Grund für euch daheim, auch nur zu versuchen, diese Dinge zu begreifen. Für euch daheim bleiben die Toten Statistik oder geliebte Menschen, die von euch gegangen und einfach nicht zurückgekehrt sind. Ihr habt nicht gesehen, wie der Soldat mit fratzenhaftem Gesicht und zerschmettert dalag, am Rand einer Schotterpiste in Frankreich.«
Hannah weckt uns auf. Es ist Mitternacht. Wind pfeift um unser Ferienhäuschen. Hannah sagt: »Die Uhr macht immer Ticke-tacke, und wenn ich genau lausche, höre ich auch Uhuhuuu, von den Geistern.« Hannah ist fast sieben Jahre alt und neigt eher nicht zum Spiritismus. Tickende Uhren allerdings hasse ich auch, und mich wundert, dass mich diese noch nicht gestört hatte. Möglicherweise eine Folge des Pinot noir. Ich nehme die Uhr von der Wand und die Batterie heraus. »Kein Ticke-tacke mehr«, sage ich. »Und du sagst selbst immer, dass es keine Geister gibt. Was du heulen hörst, ist der Wind. Gute Nacht!«

1944

Für Vater Giesbert nahm das Ticke-tacke in diesem Juni 1944 kein Ende. Ticke-tacke – die Lebensuhr konnte jederzeit ablaufen.
Wie damit umgehen? Einige hatten mit allem abgeschlossen und waren überzeugt, sterben zu müssen. Die mit den bösen Vorahnungen hatten schlechte Überlebenschancen. Die Optimisten auch. Als erster Amerikaner, der an Land ging, feierten

die Medien damals den jungen Colonel Leonard T. Schroeder. Er selbst sah seine Rolle nüchterner: »Wir mussten einfach vorwärts, mussten schießen und leider auch töten. An diesem Tag habe ich zwei Menschen getötet. Sie hatten vielleicht, wie ich, eine Familie und Kinder … Die meisten konnten nichts dafür, und Jahre später bedrückt es mein Gewissen. Doch man musste sich verteidigen … Es ist schwer, sich vorzustellen, was der Krieg ist. Es ist nicht so wie im Fernsehen. Der Krieg verändert deinen Blick auf die Welt für immer.«

Auch das Weltbild und der Charakter von Frederick Giesbert versteinerten am Tag der Landung in Omaha Beach. Jean-Christophe Giesbert, der jüngere Bruder von Franz-Olivier, erinnert sich daran, wie sein Vater ein einziges Mal vom Krieg erzählte, nachts, in seinem Maler-Atelier: »Eine Schlachterei, sagte er immer wieder, eine Schlachterei … Er weigerte sich, auf jene loszugehen, die er seine ›deutschen Cousins‹ nannte. Er zog große Genugtuung daraus, nie auf einen von ihnen geschossen zu haben, und erinnerte sich an eine seltsame Begebenheit. Es war zwei Tage nach dem D-Day. Der Soldat Giesbert hatte sich verirrt, allein, in einem Wald. Das Klicken eines Verschlusses ließ ihn zusammenfahren. Er drehte sich langsam um, die Hände erhoben, und entdeckte einen Deutschen mit blutigem Gesicht, der auf ihn zielte. ›Du kannst mich nicht töten. Ich bin ein Mensch wie du. Und so wie du hasse ich diesen Scheißkrieg‹, sagte er zu ihm in der Sprache von Goethe, die er ohne Akzent beherrschte. Diesem Bayern mit den schwarzen Haaren erzählte mein Vater von seinen sieben Jahren im Rheinland, wohin ihn seine Eltern geschickt hatten. Sie sprachen vom Irrsinn der Menschen und vom verlorenen Zauber des Rheintals. ›Wir haben uns fest umarmt, wir haben geweint, ich habe ihm meine Ration und meine Zigaretten gegeben, er ist weggelaufen.‹ Frederick-Julius Giesbert war nur für mich ein Held. Er war keiner von diesen feurigen Marines aus den Kriegsfilmen, die anzusehen er uns verbot. Er war ein einfacher GI, düster und traurig. Im Glauben, ihn für seine Verstöße zu bestrafen, teilten ihn seine Chefs zur Entminung ein. Mit einem begnadeten Sehvermögen ausgestattet, konnte er die kleinste Unebenheit erkennen. Er hatte sich eine Eigenart angewöhnt: das Entminen mit bloßen Händen. ›Die Jungs glaubten, ich wäre besonders mutig. Dabei entwickelte ich meine Methode nur aus Angst. Ich hatte zu viele Kumpels auf Minen explodieren gesehen, weil die verdammten Detektoren nicht funktionierten.‹ Im Unterschied zu vielen amerikanischen Soldaten, die einen wahren Kult um ihre Chefs betrieben, nährte mein Vater eine tiefe Abneigung gegen Eisenhower, Bradley und Patton, in denen er Metzger sah, die Menschenleben nicht achteten … Er hasste diesen dreckigen Krieg, der ihn zerbrochen hatte, zu sehr. Er hatte ihm sein Lächeln gestohlen, und seinen Glauben an die Menschheit. Er überschwemmte seine Nächte mit den roten Fluten von Omaha Beach und ließ ihn beim kleinsten Geräusch hochschrecken. Gott, an den er seit dem 6. Juni 1944 nicht mehr glauben wollte, holte ihn 1979 zu sich.«

1979 starb auch mein Vater.

Ich glaube, der Krieg ging für die beiden erst in diesem Jahr zu Ende.

2010

Im September 2010 bin ich zu Gast beim ehemaligen Bankier Heinrich Treichl. Eine Haushälterin öffnet mir die Tür und lässt mich im Arbeitszimmer Platz nehmen, dessen Wände bis zur Decke mit Büchern gefüllt sind: »Der Herr Doktor kommt gleich.«

Von meinem knarrenden Fauteuil aus sehe ich in den Salon und den Wintergarten: eine bürgerliche Wiener Wohnung, die meine Großmutter »gediegen« genannt hätte.

Der 97-jährige Hausherr tritt ein. Seine aufrechte Haltung macht ihn noch ein bisschen größer, als er ohnehin ist. Aus seinem immer noch ebenmäßigen Charaktergesicht blicken mich helle Augen neugierig an.

Heinrich Treichl war – wie mein Vater – im August 1944 in Paris desertiert. Er hatte den Vorteil, ausgezeichnet Französisch zu sprechen, und konnte deshalb in Frankreich untertauchen, ohne aufzufallen.

»Natürlich hatte ich Angst, dass mich die umlegen«, erzählt der geistig immer noch hellwache Herr der alten Schule. »Sie«, das waren sowohl die »Freikämpfer«, wie Treichl sie nennt, als auch die Wehrmacht, die Gestapo und die SS-Truppen.

Im Gegensatz zu vielen anderen scheute sich Treichl auch nach dem Krieg nicht, über seine Desertion zu sprechen, zumal sein Bruder Wolfgang, dem Widerstand verbunden, zu den Alliierten übergelaufen und als Mitglied einer britischen Spezialeinheit in Italien umgekommen war.

»Nach dem Krieg hatte ich einen Gast in meiner Wohnung, eine hochstehende Persönlichkeit, einen Freund der Familie«, erzählt er. »Als der Gast die Bemerkung fallenließ, dass Wolfgang eigentlich ein Verräter gewesen sei, habe ich einen unglaublichen Zorn bekommen. Ich habe ihn hinausgeschmissen und gesagt, dass ich ihn nie wieder sehen will.«

Das geschah zu einer Zeit, als auf allen Friedhöfen des Landes Gedenktafeln für die gefallenen Kameraden entstanden. Die Inschriften dieser Tafeln zeugen heute noch davon, dass man Krieg als eine Art gottgewolltes Naturgesetz sah und nicht als Unrecht, gegen das man sich auch hätte wehren können. »Gefallen für Gott und Vaterland«, steht da etwa zu lesen. Nur den Führer ließ man weg. Besonders schlimm finde ich den Spruch auf dem Kriegerdenkmal in unserem Nachbarort: »Wenn Gott spricht, schweige!«

Ich will wissen, ob Heinrich Treichl als bekennender Deserteur im Österreich der Nachkriegszeit keine Schwierigkeiten hatte. Er sieht es nüchtern: »Für sehr viele Österreicher war ich ein Verräter, und es gibt immer noch Leute, die so denken.«

Tatsächlich, auch siebzig Jahre nach Ausbruch des Zweiten Weltkriegs gab es in Österreich noch Debatten darüber, ob Deserteure der Wehrmacht generell juristisch zu rehabilitieren und die NS-Urteile aufzuheben seien. Einige argumentierten wie der Obmann der rechten FPÖ: »Deserteure waren Menschen, die eigene Kameraden und Soldaten vielleicht teilweise auch erschossen und umgebracht haben und deshalb ist das eine sehr negativ und kritisch zu bewertende Situation.«

»Vielleicht teilweise auch erschossen« – eine bemerkenswerte Formulierung. Die Deutschtümler waren noch nie besonders gut in Deutsch. Und sie schließen sich den Argumenten der Nazis an, wenn sie den aktiven und passiven Widerstand gegen die Wehrmacht kriminalisieren.

Tatsächlich handelte die große Mehrzahl der Deserteure wie mein Vater: In einer aussichtslosen Situation verweigerten sie, in Hitlers Krieg zu sterben. Gewalt gegen andere blieb die äußerst seltene Ausnahme. Der Politikwissenschaftler Walter Manoschek veröffentlichte eine Studie, wonach es bei 1276 untersuchten Fällen von Desertion zu genau zwei Tötungsdelikten gekommen war – und dabei handelte es sich nach unserem heutigen Rechtsverständnis um Notwehr. Über 99 Prozent der Deserteure wandten gar keine Gewalt an.

Sogar Otto Keimel, ehemaliger Präsident des Österreichischen Kameradschaftsbundes, bekannte sich dazu, in den letzten Tagen des Zweiten Weltkriegs desertiert zu sein. Eben dieser Kameradschaftsbund bemühte sich jahrzehntelang, Deserteure als Feiglinge zu brandmarken. Doch zum Desertieren gehörte Mut – nicht nur, sein Leben aufs Spiel zu setzen, sondern auch, sich dem militärischen Kodex der »Kameradschaft« zu entziehen. Der Mut, allein dazustehen.

»Deserteure sind Leute, die sich selbst in die Wüste schicken«, schrieb der Schriftsteller und Deserteur Alfred Andersch. Tatsächlich leitet sich das Wort Deserteur von »desertus«, verlassen, ab, also aus demselben Wortstamm wie »desert«, Wüste.

In der Wüste standen die Deserteure auch nach dem Krieg. Richard Wadani etwa, Wehrmachtsdeserteur und Sprecher des Personenkomitees »Gerechtigkeit für die Opfer der NS-Militärjustiz«, war 1944 an der Westfront zu den Alliierten übergelaufen und hatte in den Reihen der britischen Armee für die Befreiung Österreichs gekämpft. Ich habe den damals 87-Jährigen bei einem Vortrag erlebt und war tief beeindruckt von seiner Vitalität und seinem kämpferischen Wesen. Nach 1945 wurde er schief angesehen, weil er bei einer »fremden Armee« gekämpft hatte. Im Gegensatz zu anderen Soldaten oder SS-Mitgliedern, die »ihre Pflicht getan hatten«, rechnete der Staat den Deserteuren die Jahre bei der Wehrmacht nicht für die Rente an. Die Republik stellte sich also indirekt auf die Seite der NS-Behörden.

Dabei hätte es diese Republik ohne den Einsatz der Deserteure vielleicht gar nicht gegeben. Wenn man den Wortlaut der Moskauer Deklaration über Österreich liest, von den Alliierten am 1. November 1943 veröffentlicht, wird die wichtige Rolle des Widerstands und der Deserteure für die künftige Freiheit Österreichs deutlich: »Österreich wird aber auch daran erinnert, dass es für die Teilnahme am Krieg an der Seite Hitler-Deutschlands eine Verantwortung trägt, der es nicht entrinnen kann, und dass anlässlich der endgültigen Abrechnung Bedachtnahme darauf, wie viel es selbst zu seiner Befreiung beigetragen hat, unvermeidlich sein wird.«

Immerhin: Am 21. Oktober 2009 beschloss der österreichische Nationalrat die Rehabilitierung der Wehrmachtsdeserteure im Zweiten Weltkrieg mit den Stimmen von SPÖ, ÖVP und Grünen. In dem »Aufhebungs- und Rehabilitationsgesetz« werden sämtliche Urteile des Volksgerichtshofs, der Standgerichte und der Sondergerichte in der NS-Zeit für nichtig erklärt.

Auch in Deutschland tat man sich schwer mit der Rehabilitierung der Wehrmachtsdeserteure. Im Jahr 2002 hob der Bundestag die NS-Urteile gegen Deserteure, Kriegsdienstverweigerer und »Wehrkraftzersetzer« auf. Ausgenommen von der Rehabilitierung wurden sogenannte »Kriegsverräter«, weil sie angeblich Zivilisten und Kameraden gefährdet hatten. Die Unterscheidung erwies sich bei näherem Hinsehen als künstlich und – schlimmer noch – verhaftet in der Diktion der NS-Justiz. Denn als Kriegsverrat galt auch eine pessimistische Einschätzung des Kriegsverlaufs, Kritik am Führer oder die Unterstützung von Juden. Erst im Jahr 2009 – 64 Jahre nach Kriegsende – beschloss der Bundestag auch eine Rehabilitierung der »Kriegsverräter«.

Sogar die Kirche war schneller. Der Wehrdienstverweigerer Franz Jägerstätter wurde bereits 2007 seliggesprochen. Doch es gab viele, die handelten wie Franz Jägerstätter. Er war einer von Tausenden »Wehrkraftzersetzern«, aber nur wenige blickten ihrem Tod so offen und vollkommen bewusst entgegen. Sterben mussten die anderen freilich auch.

Während des Zweiten Weltkriegs kamen mehr als 15 000 Deserteure der Wehrmacht am Galgen, unter dem Fallbeil oder vor dem Erschießungskommando um. Im Vergleich: Die U.S. Army vollstreckte im gesamten Zweiten Weltkrieg ein (1) Todesurteil wegen Desertion. Der arme Delinquent hieß Edward Donald Slovik. Er hatte sich geweigert, bei Kampfhandlungen mitzumachen, weil er, wie er sagte, »zu viel Angst« hatte. Slovik wurde von einem Militärgericht verurteilt und im Januar 1945, kurz vor einem Sturmangriff auf den Hürtgenwald in der Eifel, erschossen. Offensichtlich sollte an ihm ein Exempel statuiert werden.

Nur die Rote Armee verfolgte ihre eigenen Soldaten in ähnlichem Ausmaß wie die Wehrmacht. Es existieren zwar keine offiziellen Zahlen hingerichteter Deserteure, doch nach Stalins berühmtem Befehl 227 (»Kein Schritt zurück!«) galten bereits Soldaten, die sich gefangen nehmen ließen, als Verbrecher. »Feiglinge« und »Panikmacher« wurden sofort erschossen.

Auch Deserteure der Wehrmacht starben durch Erschießungskommandos. Etwa im Wiener Donaupark, wo nur eine kleine Gedenktafel sowie der Name »Kugelfanggasse« an die berüchtigte Hinrichtungsstätte auf dem Schießplatz Kagran erinnern. Weit über hundert Deserteure, Selbstverstümmler und Widerstandskämpfer wurden hier erschossen, darunter Männer der Wiener Feuerwehr, die man am frühen Morgen des 31. Oktober 1944 zur Abschreckung vor den Augen ihrer Kameraden hinrichtete.

Die letzte Massenerschießung fand hier am 7. Februar 1945 statt, als vierzehn »Wehrkraftzersetzer« und Fahnenflüchtige, lauter junge Männer um die zwanzig, vor das Erschießungskommando treten mussten: »Den Delinquenten wurden die Augen verbunden und sie wurden an Pfählen angebunden. Ein lichter Fleck wurde an ihre Brust geheftet. Die Exekution erfolgte auf zwei mal sieben Mann … Nicht alle sackten sofort zusammen, diese bekamen noch den Genickschuss. Die Leichname lagen dann infolge des regnerischen Wetters in Wasserlachen«, berichtet Zeitzeuge Anton Rieder.

Meistens aber bevorzugten die Schnellgerichte für Deserteure andere Hinrichtungsarten wie Enthaupten oder Erhängen. Das war leiser, und die Zivilbevölkerung rund um die Hinrichtungsstätten war nicht durch Gewehrsalven alarmiert. Zudem versprach man sich von diesen »unsoldatischen«, entehrenden und auch grausamen Hinrichtungsmethoden eine stärker abschreckende Wirkung. Das Erhängen sollte auf Hitlers Anordnung nicht nach der »englischen Methode« durch Genickbruch, sondern nach der »österreichischen Methode« durch Erdrosseln erfolgen. Der Anstaltspfarrer der Hinrichtungsstätte in Berlin-Plötzensee berichtete über die Hinrichtung von Deserteuren und »Wehrkraftzersetzern«: »Es musste eine Laufschiene angebracht werden, an der sich acht verschiebbare Haken befanden. Sie waren durch eine aus schwarzem Papier gefertigte Wand jeweils voneinander getrennt, um die Delinquenten zu isolieren. Immer acht Mann zur gleichen Zeit mussten sich auf die Schemel stellen. Die am Haken befestigte Schlinge wurde ihnen um den Hals gelegt und der Schemel unter ihnen weggerissen. Die Vorschrift lautete, den Erhängten frühestens nach zwanzig Minuten wieder abzunehmen, vorher dürfe man mit dem sicheren Eintreten des Todes nicht rechnen.«

Freitag, 25. August

Am frühen Morgen schon wurden wir wieder in die Rote Kreuz Station zurückgeführt und saßen dort bis gegen Mittag, bekamen ein Sandwich und wohl auch einen Schluck Wein, aber wir hatten keinen rechten Appetit. Der Betrieb war zwar nicht mehr so wie am Tag vorher, aber dafür kam nur ausgesuchtes Publikum. Wir wurden mehrere Male belästigt, aber ich erschrak erst fürchterlich, als ich in einem Neuankömmling den Mann vom Abend vorher erkannte, vor dem uns nur die Ankunft des Negers bewahrt hatte. Er kam auch sofort auf uns zu, als er sah, dass niemand in der Nähe war, der uns etwa schützen hätte können, und nach einem kurzen Vorspiel in Form einiger kräftiger Flüche gab er mir mit geballter Faust eine Ohrfeige, wie ich sie noch nie in meinem Leben bekommen hatte und sie wohl auch nicht mehr bekommen werde. Wir waren beide totenblass geworden und unsere schlimmen Ahnungen sollten sich auch bestätigen, denn es blieb keineswegs bei der Ohrfeige. Der gute Mann zog, nachdem er sich sorgfältig umgesehen hatte, einen Trommelrevolver heraus, an dem man deutlich die geladene Trommel erkennen konnte, und, da er an mir sein Mütchen schon gekühlt hatte, wandte er sich jetzt zu »Papa« und bohrte ihm unter greulichsten Verwünschungen, deren Sinn wir Gott sei Dank nur ahnen konnten, den Pistolenlauf direkt in die Herzgegend. Ich sah aus meinen Augenwinkeln heraus, dass sein Finger ganz gefährlich am Drücker spielte, und der Fuselgeruch aus seinem Munde war geradezu betäubend. Ich war auf alles gefasst. Da, wo die Not am größten war, war auch wieder einmal die Hilfe am nächsten. Durch die Türe kam ein gut gekleideter Mann in mittlerem Alter auf uns zu, der sich uns dann später als Lieutenant Mueller vorstellte – er sprach fließend deutsch – und damit war auch dieses haarsträubende Zwischenspiel wieder einmal erledigt. Der Lieutenant interviewte uns wieder einmal und wir erzählten zum xten Male unsere Geschichte. Wir versäumten natürlich auch nicht, uns über unseren guten Freund zu beschweren, der noch in der Nähe stand und zu warten schien, bis wir wieder allein wären, und wir hatten auch Erfolg, denn er wurde in unserer Gegenwart fürchterlich angeschnauzt. Dessen ungeachtet bestanden wir darauf, hier herausgeführt zu werden, und wir waren höchlichst erstaunt, als er uns eröffnete, dass wir freie Menschen wären und hingehen könnten, wohin wir immer wollten. Obwohl wir anfänglich geneigt waren, dieser Aufforderung unverzüglich Folge zu leisten, so kamen wir doch bald zu der Einsicht, dass nach alldem, was wir von dem Paris dieser Tage gesehen hatten, es keinerlei Zweck hatte, auch nur einen Schritt aus dem Hause zu gehen, ohne sich der Gefahr auszusetzen, von irgendeiner der kämpfenden Parteien entweder wieder gefangengesetzt oder kurz umgelegt zu werden. Wir legten dem Lieutenant unsere Bedenken dar, erzählten ihm von unserem Freund in der Rue de la Michodière, und ersuchten ihn, diesen so bald wie irgend möglich zu verständigen, dass er uns hier abholen könne. Das hatte alles keinerlei Schwierigkeiten, da unser Freund eine stadtbekannte Persönlichkeit war. Wir wollten also bis zu seinem Eintreffen hier warten. Während der Stunde, die wir noch auf dieser Roten Kreuz Station verbrachten, spielte sich dort eine Tragikomödie nach der anderen ab. Lieutenant Mueller – mit dem Ton auf der letzten Silbe – hielt Gerichtshof. Alle Augenblicke wurden Frauen hereingebracht, denen man Verhältnisse mit Deutschen zur Last legte. Manchmal wurden sie von Männern eskortiert, meist aber von Geschlechtsgenossinnen. Ich bin überzeugt, dass gut die Hälfte dieser Verfahren auf reiner Denunziation beruhte, und auch der oberste Gerichtsherr schien ein gutes Gefühl dafür zu haben, und außerdem war ihm die Sache als solche äußerst unangenehm. Es gelang ihm, in 75 Prozent aller Fälle einen Freispruch durchzusetzen, worüber das anwesende Volk jedes Mal sehr erbost war. Um sich nun nicht die Ungunst der Leute zuzuziehen, gab er, wenn auch schweren Herzens, hier und da ein Opfer preis. Das wurde dann jedes Mal johlend von der Meute hinausgeschleppt in den Hof, den wir durch ein großes Fenster übersehen konnten, und dort wurden ihm – dem Opfer – unter viel Geschrei mit einer Maschine die Haare bis auf den letzten Rest abgeschnitten.

Die beschriebene Bestrafung für die »collaboration sentimentale« begann überall, sobald die Deutschen aus einer Stadt oder einem Dorf vertrieben worden waren.
Wie in vielen traumatisierten Ländern flutete nach dem Ende der Besatzung eine Welle der Rache durch Frankreich. Kritische Franzosen wie Franz-Olivier Giesbert sprechen heute offen über ein Thema, das in Frankreich jahrzehntelang tabu war – der französische Opportunismus, sich zuerst den Nazis und dann den Alliierten anzudienen. Giesberts französischer Großvater war Mitglied der Résistance gewesen, seit das Parlament dem Maréchal Pétain die Macht übergeben hatte. »Und ich habe mit diesem Dreckskerl Verdun gemacht«, pflegte er zu

schimpfen. Staatschef Philippe Pétain, der in Vichy residierte, und sein Ministerpräsident Pierre Laval kooperierten praktisch uneingeschränkt mit Deutschland. Verwaltung und Polizei der Vichy-Regierung verfolgten Résistance-Mitglieder gnadenlos und arbeiteten mit SS und Gestapo zusammen. Ab 1942 begann die Vichy-Regierung mit der Deportation französischer und ausländischer Juden.

»Die Franzosen haben Widerstand geleistet«, sagt Franz-Olivier Giesbert ironisch. »Spät, aber doch. Vor allem, als der Krieg vorbei war, und auch noch fünfzig Jahre danach.«

Dennoch: Die Rolle der Résistance erwies sich vor und nach der alliierten Landung als wichtig. Sabotageakte wie die Sprengung von Bahngleisen und Munitionslagern behinderten den deutschen Nachschub. Und auch moralisch konnte sich das Land am Widerstand aufrichten. General de Gaulle, den die alliierten Verbündeten nicht übermäßig ernst nahmen und dem die kommunistischen Résistance-Verbände zutiefst misstrauten, vollbrachte zwei Kunststücke: Frankreich als vollwertige Siegermacht des Zweiten Weltkriegs zu etablieren sowie einen Bürgerkrieg in seinem zerrissenen Land zu verhindern. Nach der Befreiung von Paris schaffte er es binnen weniger Tage, so etwas wie zivile Ordnung wiederherzustellen. Erstaunlich schnell etablierte sich der Rechtsstaat der Republik, und man hörte auf, im Hinterhof oder im Keller Menschen ohne Gerichtsverfahren zu erschießen.

Gefangene Deutsche wurden unterschiedlich behandelt. Antony Beevor berichtet: »Die Résistance tötete nur relativ wenige ihrer deutschen Kriegsgefangenen. Stolz übergab sie sie den Alliierten oder regulären französischen Truppen. Von den Angehörigen der Gestapo, der SS und der Sicherheitspolizei, die ihnen in die Hände fielen, überlebte jedoch kaum einer.«

Auch in Paris kam es zu Racheakten. Beevor erzählt von der Gefangennahme einiger Wehrmachtssoldaten, die sich ergeben hatten – vor zahlreichem Publikum: »Auch der Schauspieler Yves Montand und die Sängerin Edith Piaf waren darunter. Die Menschen jubelten, als die Gefangenen herausgeführt wurden. Das Oberhaupt der protestantischen Kirche Frankreichs, Pastor Boegner, musste jedoch entsetzt zusehen, wie deutsche Soldaten ohne Kopfbedeckung, deren feldgraue Uniformjacken offenstanden, zur Erschießung geschleppt wurden. Edith Piaf konnte gerade noch einen jungen ›Fifi‹ [FFI-Kämpfer, Anm. R. F.] daran hindern, eine Handgranate in einen LKW mit deutschen Gefangenen zu werfen.«
In Paris sorgte das Eintreffen der alliierten Truppen ziemlich schnell für Ordnung. Zu den ersten amerikanischen Soldaten, die die Metropole erreichten, gehörte Frederick Giesbert. Der hatte in Rouen die Krankenschwester Marie Berthe (»Mabé«) kennengelernt. Sie stammte aus der kleinen Gemeinde Elbeuf in der Haute-Normandie, wo Frederick Giesbert mit ihr nach dem Krieg leben sollte. Die beiden heirateten 1947 – am 6. Juni, exakt drei Jahre nach dem D-Day. 1944 aber musste er mit der Truppe weiterziehen. Die beiden Großväter der Kinder meiner Schwester standen einander als »Feinde« gegenüber. Der Amerikaner 24, der Österreicher 18 Jahre alt. So wie es aussieht, hätte keiner der beiden Lust gehabt, den anderen zu töten. Gerhard Freund war ohnehin unbewaffnet und bereits Gefangener. Ob Frederick Giesbert später zu seinen Bewachern gehörte? Ob sie einander kennenlernten? Der Gedanke fasziniert mich. Man könnte ein Buch darüber schreiben. Aber ein anderes als dieses. Ein Aufeinandertreffen des Entminungs-Soldaten Giesbert und des Deserteurs Freund in der Millionenstadt Paris ist höchst unwahrscheinlich.

Gegen Mittag wurden wir wieder hinaufgeführt in das Bureau, wo wir am Tag vorher gewesen waren, wo wir sehnsüchtig auf die Ankunft unseres Freundes warteten. Kurz vor zwölf Uhr entstand vor der Türe großer Lärm und ein verwegener Haufen brachte fünf, sechs deutsche Landser herein. Die deutsche Platzkommandantur war gefallen. Da mehrere Zivilisten in dem Raum unter Bewachung waren, fiel das nicht weiter auf, aber als man bemerkte, dass wir auch einmal zu dem Verein gehört hatten, der sich deutsche Wehrmacht nannte, wurden wir sofort von den Landsern mit unverhülltem Misstrauen betrachtet, ein Misstrauen, das ich noch in Amerika fühlen sollte.

Identifikation mit oder gar Begeisterung für die Wehrmacht klingt aus diesen Zeilen nicht heraus. Dafür machte mein Vater schon damals jene Erfahrung, die Deserteure aus der Wehrmacht bis heute machen: Es schlug ihm Misstrauen entgegen.

Endlich kam unser Freund, der außer zu uns auch noch zu den anderen Landsern ein paar beruhigende Worte sprach, was nicht dazu beitrug, das Misstrauen gegen uns zu verringern. Abends wurde es gemütlich. Man übertrug uns die Verantwortung über alle Landser – die Franzosen waren unter Tag bereits zur Execution oder zur Entlassung hinausgebracht worden – und erlaubte uns, die Nacht im Bureau zu verbringen. Wir bereiteten uns aus Zeitungen etc. eine dürftige Lagerstätte und ich bemerkte mit prophetischem Gemüte, dass dies vielleicht die beste Lagerstätte für lange Zeit sein würde. Ich sollte recht behalten. Draußen plazierten sich ein paar Franzosen, darunter ein junger, der etwas englisch sprach, der mich mitten in der Nacht hinausrief, mich seiner Braut und seiner Mutter vorstellte und ihnen meine Erlebnisse erzählte, die mit großem Erstaunen aufgenommen wurden. Die Stimmung erreichte ihren Höhepunkt, als man mir ein Glas Wein anbot und ich den Damen mit einem fließenden »A votre santé« zutrank. Der nächste Tag

Samstag, 26. August

verging in demselben Bureau langsam und eintönig, man nahm unsere Personalien auf und Lieutenant Mueller gab uns sein Ehrenwort, als wir abends abtransportiert wurden, uns unsere Papiere in den Louvre nachzusenden. Im Privatwagen, schwer bewacht – mehr Schutzhaft als alles andere – fuhren wir zu dem nächsten Sammellager für deutsche Wehrmacht, dem Louvre, wo wir uns unter dem Schutz der französischen Polizei befanden. Der größte Teil der Besatzung von Paris war hier im Hof des Louvre versammelt, ein bunter Landsknechthaufen. Offiziere, Wehrmachtsbeamte, Zivilangestellte, Feldwebel, Unteroffiziere und Mannschaften. Niemand hatte mehr bei sich als die bloße Uniform, und die sah meistens sehr hergenommen aus. Wir hatten noch unsere Beutelchen und Köfferchen mit dem notwendigsten Waschzeug und das genügte, um den Eindruck eines Kapitalisten zu machen. Außerdem trugen wir Zivil und man betrachtete uns allenthalben mit misstrauischen Blicken. Wir richteten uns ein Plätzchen ein für die Nacht, im Hof des Louvre, auf der Rasenanlage. Ich hatte noch außer den Zivilkleidern, die uns unser Freund verschafft hatte, den dünnen Ballonseidenmantel, den mir mein Vater schon 1943 in die Garnison nach der Checho-

slowakei geschickt hatte, falls dort einmal die Gelegenheit kommen sollte und vor allem die Notwendigkeit, sich plötzlich unsichtbar zu machen.

Die »Notwendigkeit, sich plötzlich unsichtbar zu machen«, mit anderen Worten eine Desertion, war also zu Hause in der Meidlinger Substandardwohnung ein Thema gewesen. Vielleicht hatte Vater Maximilian Freund seinem einzigen Sohn das Versprechen abgenommen, nicht für Hitler zu sterben? Vielleicht hatte es eine wichtige Unterredung gegeben, eine Art Abmachung, an die sich mein Vater gebunden fühlte – besonders nach dem Tod des Vaters.

Jedesmal, wenn ich den Mantel anrührte, den ich in Frankreich noch so herausgeholt hatte, wie ihn mein Vater einst sorgsam verpackt hatte, überkam mich eine tiefe Wehmut, ein Heimweh, nach der Familie, nach dem Grab meines Vaters.

Im Februar 1944 war Maximilian Freund, der Vater meines Vaters, gestorben. In einer alten Brieftasche, die in einem im Lauf der Jahrzehnte grau gewordenen Leinenumschlag steckt, finde ich ein vergilbtes, aber noch gut lesbares Telegramm. 3. Februar 1944. Absender »Mutter«. Adressat ist der Panz Gren ROB, also »Panzer-Grenadier-Reserveoffiziersbewerber« Gerhard Freund in Frankstadt unter dem Radhoscht (Frenštát pod Radhoštěm), heute Tschechien. Dort erhielt Gerhard Freund seine militärische Ausbildung. Die kurze Mitteilung lautet: »Vater im sterben komme sofort«. Außer »Mutter« noch eine kleine Notiz: »Der Wahrheit entsprechend Dr. Trenks«. Gerhard konnte seinen Vater nicht mehr sehen. Maximilian Freund, »Hauptschullehrer i. R.«, starb am 3. Februar 1944. »Im 53. Lebensjahr, nach längerem, schweren Leiden«, wie es in der Parte heißt. Mein Vater konnte auch am Begräbnis seines Vaters nicht teilnehmen.

Maximilian Freund war an einer simplen Lungenentzündung gestorben. Penicillin hätte ihn höchstwahrscheinlich gerettet. Die amerikanischen Sanitäter führten es bereits mit sich. In Wien gab es keines.

Die Mangelernährung hat den Tod meines Großvaters (23 Jahre vor meiner Geburt!) sicher ebenso beschleunigt wie seine Verbitterung über die neue Zeit, die 1938 in Österreich angebrochen war. Ich bin im Besitz von drei dicken Mappen, die allesamt mit Korrespondenz zur Eruierung des Stammbaums der Familie Freund gefüllt sind. Bei Beamten legte das Amt für Sippenforschung noch größeren Wert auf einen lückenlos sauberen Ariernachweis.

Bei Wilhelm Freund, dem Vater meines Großvaters, gab es nichts Suspektes zu finden, außer vielleicht die Entlassung aus dem Offiziersdienst der kaiserlichen Armee, weil er auf dem Weg zu einer fernen Geliebten ein Pferd zuschanden geritten hatte. Als Stationsaufseher der »k.k. Eisenbahn-Betriebs-Direction« in Wien-Nussdorf stuften seine Vorgesetzten sein dienstliches Benehmen als »tadellos« ein.

Doch um das Benehmen ging es den Nazis nicht, sondern um das Blut. Der Vater von Wilhelm hieß Johann Freund und wohnte ebenfalls in Wien, aber über seine Herkunft und seine Religionsangehörigkeit herrschte Unklarheit. Die Spuren der väterlichen Linie verlieren sich in kleinen, zwischen Pilsen und Prag gelegenen Dörfern. Wobei meines Wissens nie endgültig geklärt werden konnte, wer die Urgroßeltern von Maximilian Freund wirklich waren. Der Pfarrer von Radnice (Radnitz) schickte meinem Großvater die Kopie eines Totenscheins von Joachim Freund, »obrigkeitlicher Schutzjude und Handelsmann, gestorben am 30. März 1830 im Alter von 74 Jahren, Stand: verwitwet, Religion: mosaisch, Ursache des Todes: Auszehrung«. Weiters empfahl der Pfarrer, sich nach Pilsen zu wenden, wo eventuell die jüdischen Matriken zu finden wären. Denn bei Radnitz »handelt es sich nur um einen Ort«.

Verzweifelt wendet sich Maximilian Freund an die Stadtverwaltung in Pilsen: »Mein Großvater Johann (Joannes) Freund, angeblich der Sohn des Joachim und der Sara Freund, soll 1809 in Radnitz (Radnicich) geboren sein. In Radnitz, wo ich anfragte, ist nichts eingetragen und man verwies mich nach Pilsen. Ich erlaube mir die Anfrage, ob in den jüdischen Matriken oben genannter Joannes Freund eingetragen erscheint oder nicht. Da die Beantwortung dieser Frage für mich von großer Wichtigkeit ist, bitte ich dringend, mir baldigst, wenn ich bitten dürfte, in deutscher Sprache, zu antworten.«

Familie Freund, 1939 oder 1940. Vater Maximilian blickt sorgenvoll in die Zukunft.

Und geradezu flehentlich heißt es in einem weiteren Brief: »Sollten aber keine Eintragungen zu finden sein, so bitte ich dringlichst, auch diesen Umstand mir mitteilen zu wollen, wenn möglich, wenn ich bitten dürfte, in deutscher Sprache.«
Das Amt in Pilsen verweist meinen Großvater zurück an den Start: »Kann nicht erledigt werden, da die Radnicer Eintragungen erst vom Jahr 1839 an beginnen, wenden Sie sich in dieser Sache vielleicht an das Pfarramt Radnice.«
Die weiteren Nachforschungen ergeben keinerlei Treffer in Bezug auf einen Johann Freund. Die angenommenen Kinder des Joachim Freund hießen Paula, Lazar, Josef, Lewi und Abraham. Kein Johann, kein Joannes darunter. Der Vater des Joachim hieß Jakob Freund, was ich nicht wusste, bevor wir unseren Sohn so nannten. Wobei völlig unklar ist, ob dieser Jakob Freund aus dem 18. Jahrhundert überhaupt mit uns verwandt ist. Zum Glück kann uns das auch völlig egal sein.
Dem zuständigen Beamten des Reichsstatthalters von Wien war es das nicht. Da man die Eltern des Johann Freund in keinem Register finden kann, beschließt der Beamte, es handle sich um Joachim und Sara Freund. Rot unterstrichen: »mosaisch«. Das hat eine sofortige Beurlaubung von Maximilian Freund als Lehrer zur Folge.
Der Stadtschulrat von Wien informiert in einem Schreiben: »Mit Rücksicht auf die große Bedeutung des Abstammungsnachweises für Ihre weitere Verwendung im öffentlichen Schuldienst erscheint die Überprüfung Ihrer Abstammung durch das Amt für Sippenforschung notwendig.« Wenig später ein anderes Schreiben, das wieder die Verordnung zur Neuordnung des österreichischen Berufsbeamtentums zum Inhalt hat, das bereits meinen anderen Großvater wegen seines deklarierten Österreichertums den Job gekostet hatte: »... sind jüdische

Beamte, die jüdische Mischlinge sind, und Beamte, die mit einer Jüdin (einem Juden) oder mit einem Mischling ersten Grades verheiratet sind, in den Ruhestand zu versetzen, bezw. aus dem Dienste auszuscheiden. Ausnahmsweise können mit Zustimmung des Stellvertreters des Führers oder der von ihm bestimmten Stelle Beamte im Dienst belassen werden, die mit einer Jüdin (einem Juden) oder einem Mischling ersten Grades verheiratet sind. (…) Wer Jude ist, als Jude gilt oder jüdischer Mischling ist, bestimmen die Nürnberger Rassengesetze.«
Briefe von Maximilian Freund an das Amt für Sippenforschung, in welchen er ausführt, dass Joachim und Sara Freund nur »angeblich« die Eltern des Johann Freund gewesen seien, bleiben unbeantwortet. Ebenso ein Brief an die Reichsstatthalterei mit der flehentlichen »Bitte um Überprüfung meiner Pensionierung«. Maximilian Freund wurde zum Nichtstun verurteilt. Die Gemeinschaft brauchte ihn nicht mehr. Wollte ihn nicht mehr. Wohl gab er heimlich noch Nachhilfestunden, doch das vermochte das Leid über den Verlust seines geliebten Berufs nicht zu lindern. Verständlich, dass er es nicht duldete, wenn sein Sohn in einer Nazi-Uniform zu Hause auftauchte.
Immerhin: Der Reichsstatthalter in Wien sprach Mechtilde Freund laut »Auszahlungsanordnung« von März 1944 ein Witwen- und Waisengeld zu. Für Witwen und Waisen wurde gesorgt. Es gab auch genug davon.
In den Dokumenten meines Vaters finde ich zum Thema Ariernachweis die penibel ausgefüllten Formulare des »Kleinen Abstammungsnachweises«. »Nur gültig mit dem Siegel des Gauamtes für Sippenforschung in Wien«, steht darauf. Und: »Unwahre Angaben oder Verheimlichungen sind strafbar!« Siegel und Unterschrift fehlen. Auch gibt es keine Hervorhebung, welches Urteil auf Gerhard Freund zutraf: »deutschblü-

tig (arisch) – Mischling 2. Grades – Mischling 1. Grades – Jude«. Er hatte das Formular entweder nie abgegeben, oder das Gauamt für Sippenforschung hatte dessen Ausfertigung verweigert. Für die Front war der große, blauäugige Gerhard Freund offensichtlich gut genug.

Voller Sorgen für die Zukunft hatten wir uns endlich hingelegt, waren schon eingeschlafen, als auf einmal die Flak zu schießen begann. Als wir aufwachten, stand der größte Teil der Landser bereits in die Arkaden gedrückt und versuchte sich gegen Splitter zu schützen. Wir packten langsam unsere Sachen zusammen und verließen ebenfalls die freie Fläche. Über uns spielte sich ein grandioses Schauspiel ab. Die amerikanische Flak legte ein Sperrfeuer über Paris, alles mit Leuchtspur geschossen, dass den Landsern die Augen vor Staunen überliefen. Deutsche Bomber bombardierten Paris. Meiner Schätzung nach waren es höchstens fünf, die die Frontsperre überflogen hatten und nun im Tiefflug einzeln Paris angriffen. Resultat: Brennende Wohnhäuser, ein Hospital getroffen, mit deutschen Soldaten, und Verluste unter der Zivilbevölkerung. Als der Angriff sich nach ungefähr einer Stunde wiederholte, wurden wir von der französischen Polizei in den Keller gewiesen. So kam es, dass ich in dieser warmen Augustnacht, 14 Tage, nachdem ich mein Heim verlassen hatte, im Keller des Louvre saß auf der Sphinx, die Napoleon einst hatte von Ägypten nach Frankreich bringen lassen, und Schutz suchte vor deutschen Bombern.

Die Sphinx steht heute noch im Louvre. Bei der Bombardierung von Paris durch die deutsche Luftwaffe wurden 593 Gebäude beschädigt. Über zweihundert Menschen starben, während mein Vater auf napoleonischer Kriegsbeute saß.

Sonntag, 27. August
Als der Alarm vorbei war und der Tag herangebrochen war, versammelte sich schon in früher Morgenstunde die Pariser Bevölkerung vor den Gittertoren des Louvre, um uns freundliche Morgengrüße zuzurufen. Das Volk tobte vor den Toren und die deutsche Wehrmacht saß im Hof und zitterte vor jedem »Boche«-Ruf. Wir warteten den ganzen Tag hindurch auf Verpflegung und gegen 19 Uhr gab man uns für je 16 Mann eine deutsche Wurstkonserve und zwei Brote. Während des Tages schon waren unsere Personalien aufgenommen worden von deutschen Offizieren und als wir in unserem schäbigen Zivil an den Tisch traten und unsere Dienstgrade angaben – Papa war gleichzeitig mit mir Unteroffizier geworden – warf man sich bezeichnende Blicke zu.

Die Blicke sollten wohl sagen – die Kerle hätten wir unter anderen Umständen aufgehängt oder erschossen. Doch etwas anderes irritiert mich an dieser Stelle: Warum war mein Vater Unteroffizier? Das entsprach doch einer gewissen Laufbahn innerhalb der Wehrmacht; Mannschaften mussten den Befehlen eines Unteroffiziers Folge leisten. In diversen Quellen lese ich, dass man erst nach vier Dienstjahren oder als Belohnung für eine besondere Tat zum Unteroffizier befördert wurde.
Ich krame in meinen Schuhkartons, die anstatt eines anständigen Archivs mein Arbeitszimmer bevölkern, seit ich die Fami-

liengeschichte erforsche. Ich finde eine große Ledergeldbörse, darin jede Menge Militärpapiere, mit Reichsadler und Hakenkreuz. Seltsam, nun hat man so viele Bücher zur Nazizeit gelesen, so viele Filme gesehen, dass einem ein Hakenkreuz auf einem historischen Dokument ganz unwirklich vorkommt. Als wär's bloß ein Requisit aus einer interessanten Fernsehserie. Auch ein Foto finde ich – 43 Soldaten, in Reih und Glied aufgestellt für den Fotografen. Die Herren Offiziere sitzend und grimmig blickend, dahinter die jungen Soldaten. Ich nehme eine in Silber gefasste Lupe zur Hand, die ich aus dem Nachlass meiner Großmutter habe. Mein Vater rechts außen stehend. Seine Uniform wirkt zu groß, dünn wie er war. Am linken Ärmel ist ein nach unten weisender Winkel aufgenäht. Es ist Sommer, die Bäume im Hintergrund tragen üppiges Laub. Eine kleine, erhabene stempelartige Schrift rechts unten im Bild: »FotoFanta Hranice«. Hranice ist eine kleine Stadt im östlichen Tschechien, etwa fünfzig Kilometer von Frankstadt entfernt, wo mein Vater seine Grundausbildung erhielt. Ich sehe mir im In-

Die Uniform meines Vaters (zweite Reihe, zweiter von rechts) wirkt etwas groß.

ternet Bilder von Frankstadt an. Mir kommt der riesige Hauptplatz mit seinen schönen, gepflegten Häusern bekannt vor. Ich krame wieder in meinen Schuhkartons. Ja, die Fotos einer Truppenparade, an der mein Vater anscheinend teilgenommen hat, weisen im Hintergrund des weitläufigen Platzes dieselben Häuser auf. Wieder hat sich ein Puzzlestein in das Bild gefügt.

Im Internet und in Büchern sehe ich mir Bilder von deutschen Uniformen an. Ich glaube, die Uniform meines Vaters als Wehrmachtsuniform »Feldjacke und Hose M 43« identifizieren zu können. Was ich nicht sehe, aber erfahre: Auf der Gürtelschnalle der Uniform prangte der Reichsadler mit der Inschrift »Gott mit uns«. Seltsam, vor jeder Autofahrt (oder anderen lebensbedrohenden Abenteuern) sagt meine Mutter: »Gott mit dir«, oder, wenn sie dabei ist: »Gott mit uns«. Ich frage nach. Sie sagt, sie hat das von meinem Vater. In ihrer Familie sagte man »Himmelvater schütz«.

Der Winkel an der Uniform war ein Gefreitenwinkel und besagte, dass Gerhard Freund Teile seiner Ausbildung absolviert hatte und nun mehr war als nur ein einfacher Soldat. Stolz sieht er auf dem Foto nicht aus. Unter der Lupe erscheint sein Blick melancholisch und gleichzeitig ironisch. Die Ähnlichkeit zu Bildern von mir mit achtzehn Jahren ist sogar für mich frappierend.

Ich finde eine »Verwendungskarte« und einen »Ausbildungsnachweis« und entziffere Folgendes:

> Verwendungskarte:
> Gerhard Freund, geboren 25.9.1925
> Wehrmachtsnummer Wien III/25/9/22/2
> Dienstverhältnis: R.I

Dienstgrad Uffz. ROB
Vorgesehen als Gruppenführer

Ausbildungsnachweis vom 6. Sept. 1943
Kriegsstammrollennummer 623
Einheit: 4. Pz. Gren. Ers.-u. Ausb. Btl. 10
Ausgebildet in Frankstadt u. d. R.
Besondere Ausbildung:
Kar. 98.k. 1. M.G. 34, s.Mg., Gew. Gr. Gerät
Durch Befehl vom BTB 6/1/44 ernannt oder befördert
zum R.O.B. mit Wirkung vom 8.1.44

Ich schreibe E-Mails an Militärhistoriker, Geschichtswissenschaftler, an das deutsche Bundesarchiv-Militärarchiv in Freiburg. Es dauert ein wenig, bis ich Antwort bekomme, diese – großer Dank an Herrn Dr. Thomas Menzel – ist dafür ziemlich ausführlich: »Das Unteroffizierkorps ergänzte sich hauptsächlich durch Gefreite, die freiwillig eine längere Dienstverpflichtung eingingen (ursprünglich 12, später auch 4½ Jahre). Gefreite wurden Soldaten der Mannschaftsdienstgrade, die entsprechend geeignet waren und als Hilfsausbilder und für Sonderdienste eingesetzt werden konnten. Unteroffiziere wurden vorrangig in der Ausbildung eingesetzt, es gab jedoch auch zahlreiche Sonderlaufbahnen für Unteroffiziere. Abitur war keine Voraussetzung, um Unteroffizier zu werden. Es war auch keine Voraussetzung, um Offizier zu werden.
›Ers.- u. Ausb.‹ steht für ›Ersatz- und Ausbildungs‹.
Die Wehrmacht als Streitkraft im Krieg mit zum Teil über 4 Mio. Mann war naturgemäß über eine kaum überschaubare Zahl von Standorten verteilt. Frankstadt war ein Standort im Protektorat Böhmen und Mähren und regulärer Standort des

Pz.Gren.-Ers.-u.Ausb.-Btls 10. Die genannte Waffenausbildung war normaler Standard.
Mit dem genannten Sammelbefehl vom 6.1.1944 wurde Ihr Vater mit vielen anderen zum Reserve-Offiziers-Bewerber ernannt.
Das Panzergrenadier-Ersatz- und Ausbildungs-Bataillon 10 wurde am 10.4.1943 aus dem am 8.7.1942 aufgestellten Panzergrenadier-Ersatz-Bataillon 10 gebildet. Es war Ersatztruppe für die 4. leichte Division, später die 9. Panzer-Division. Es unterstand zunächst der Division 177, ab dem 15.6.1942 dem Kommandeur der Schnellen Truppen (später Kommandeur der Panzertruppen) XVII. Aufgabe des Bataillons war die Ausbildung neuer Soldaten und Zuführung des personellen Ersatzes an die entsprechende Fronttruppe.«
Ich stelle einen Suchantrag bei der »Deutschen Dienststelle für die Benachrichtigung der nächsten Angehörigen von Gefallenen der ehemaligen deutschen Wehrmacht«. Hier werden Soldatenbiografien akribisch nachvollzogen – die Bearbeitungszeit ist allerdings sehr lange. Fast ein Jahr dauert es, bis mir der Sachbearbeiter, Herr Kuhn, antwortet: »Auf Ihr Schreiben (...) teile ich Ihnen mit, dass die Personalpapiere (Wehrpass, Wehrstammbuch, Stammrolle) Ihres Vaters hier nicht vorliegen; sie sind vermutlich durch Kriegseinwirkung verloren gegangen.« Ansonsten wird aus dem »Schriftgut der ehemaligen Wehrmacht« nur bestätigt, dass mein Vater die Erkennungsmarke 1809 der Stammkompanie Panzergrenadier-Ersatz- und Ausbildungs-Bataillon 10, Standort Friedeck-Friedberg (ehemaliges Protektorat Mähren), trug. »Weitere Truppenmeldungen liegen nicht vor«, heißt es in dem Schreiben. Zum Thema Kriegsgefangenschaft fügt Herr Kuhn hinzu: »In den von der amerikanischen Gewahrsamsmacht überlassenen Österreicherlisten

ist ein Freund, Gerhard mit der Kriegsgefangenen-Nummer 31G-801374 erfasst. Die Original-Akten von Österreichern wurden 1957 durch die US-Behörden vernichtet.«

»Panzergrenadier« – das klingt für mich elitär, wichtig; ein bisschen altmodisch, aber gefährlich. In Wahrheit bildeten die Panzergrenadiere jene Infanterieeinheiten, die Panzerverbände zu Fuß oder aufgesessen begleiteten. Mit anderen Worten: Kanonenfutter, oder, wie die Soldaten auch sagten, Frischfleisch für die Front. Die Front befand sich bereits in Auflösung, als mein Vater dort eintraf, und er tat das seine dazu, damit es so blieb.

»Hast du einen anderen Menschen erschossen?« Die Frage, die ich meinem Vater gerne gestellt hätte, beantworte ich mir selbst mit »nein«.

Es ist erleichternd, nicht solche Sätze lesen zu müssen, wie sie Uwe Timm in »Am Beispiel meines Bruders« aus dessen Kriegstagebuch zitiert: »Brückenkopf über den Donez. 75 m raucht Iwan Zigaretten, ein Fressen für mein MG.« Das waren Klassiker – Menschen sind ein Fressen für das MG, der Feind wird überrollt, schöne Treffer gehabt, ein paar Partisanen werden »aufgeknüpft«: Solche Rhetorik findet sich nicht im Kriegstagebuch meines Vaters, und schon gar nicht in den Aufzeichnungen meiner Großväter.

Wahrscheinlich hat mein Vater keinen Menschen umgebracht. Allerdings, man darf seinen Quellen auch nicht immer vertrauen. Hätte es irgendwo ein Gefecht gegeben, an dem mein Vater beteiligt war, wer sagt, dass er darüber geschrieben hätte? Es klingt in seinem Kriegstagebuch doch alles ein bisschen abenteuerlich und unerschüttert. Da passt Schuld, die man auf sich geladen hat, schlecht hinein. Er nennt die Dinge nicht beim Namen. Die Desertion steht im Mittelpunkt des Tagebuchs, doch das Wort »Deserteur« kommt kein einziges Mal vor.

Das Ausblenden der Wirklichkeit in der eigenen Wahrnehmung setzte sich bei einer ganzen Generation in der sprichwörtlich gewordenen Unfähigkeit zu trauern fort. Wir können den Berichten der Augenzeugen nicht immer vertrauen. Und auch uns selbst nicht. Fast jedes Kind liebt seine Eltern und möchte, dass ihnen nichts Böses zustößt und dass sie nichts Böses getan haben.

Vielleicht lag darin der positive Aspekt des Schweigens einer ganzen Generation: Wie hätten es die Kinder verkraften können, dass ihre Väter schreckliche Dinge getan hatten, die im Krieg als normal galten? Als Kind und Jugendlicher glaubt man an das Gute und an das Böse. Und die eigenen Eltern sind gut. Das muss so sein. Das erklärt die große Scheu einer ganzen Generation, nachzufragen: »Was hast du eigentlich im Krieg gemacht?«

Ich telefoniere mit einem Forscher des österreichischen Kriegsarchivs. Dort gibt es jedenfalls keine Gerichtsakten zu Gerhard Freund, aber auch als Deserteur scheint er nicht auf. Was nicht heißt, dass er keiner war, wie mir versichert wird.

Wer Matura (Abitur) hatte, bewarb sich relativ häufig für die Unteroffiziersausbildung, das war ein völlig normaler Vorgang. Man wurde dann ROB, also Reserveoffiziersbewerber. »Reserveoffizier« war nichts anderes als das Gegenstück zum Berufsoffizier, wobei es eine Reserve in Kriegszeiten nicht wirklich gab. Die Reserve kam schnell an die Front. Da gegen Kriegsende ein ziemlicher Mangel an Offizieren und auch Unteroffizieren herrschte, wurde man relativ leicht befördert. Eine Bewährung an der Front oder irgendwelche »Heldentaten« waren dazu nicht notwendig. Alles, was man brauchte, waren gewisse Führungsqualitäten, die einem Vorgesetzten auffallen mussten. Über diese verfügte mein Vater zweifellos, wie sein späteres Leben beweisen sollte. Mit seiner starken Persönlichkeit vermochte er offenbar andere schon als Jugendlicher zu beeindrucken. Bereits in seinem Reifezeugnis bescheinigte ihm die »Allgemeine Beurteilung«: »Körperlich gut entwickelt, charakterlich einwandfrei, begabt. Als Führer eines Jungvolkzuges bewährt.«

Auf der Rückseite des Fotos hat mein Vater das Datum festgehalten: »5. IX. 43«. Das war sein achtzehnter Geburtstag. Er steht vor dem Fenster, zwischen den zwei mit Kreuzen markierten Kameraden. »†März 44 Russland« und »†April 44 Russland« steht neben zwei unleserlichen Namen.

2010

Beim Fest zu ihrem 90. Geburtstag erzählt mir meine Verlegerin Kitty Stanek, ehemalige Chefin des Kaiser Theaterverlags, bei einem Wiener Heurigen eine Anekdote aus der Frühzeit ihrer Tätigkeit. Mein Vater, der Fernsehdirektor, war bei ihr vorstellig geworden, um die Rechte zu erwerben, ein Theaterstück als Fernsehspiel zu zeigen. »Ich weiß noch genau«, sagt Kitty Stanek und lacht, »wie Ihr Vater gesagt hat: Das darf aber nicht sehr teuer sein, denn schließlich muss sich erst beweisen, ob sich das Fernsehen überhaupt durchsetzt.«

Ein älterer Herr bei Tisch meldet sich zu Wort – ob mein Vater tatsächlich der Fernsehdirektor Freund war? Gerhard Freund ist der älteren Generation – einer allmählich schwindenden – auch durch seine eigenen populären Auftritte im Fernsehen immer noch ein Begriff. Ich bejahe. »Dann muss ich Ihnen eine Geschichte erzählen. Ich war nämlich mit Ihrem Vater beim Reichsarbeitsdienst im Arbeitslager Weniggleinz in Wettmannstätten. Ihr Vater hat dort schon als junger Bursche humoristische Vorträge gehalten. Er hat Gedichte rezitiert und Lesungen gehalten. Ich muss Ihnen sagen, er war ein sehr dominanter Typ. Ich habe ihn sehr bewundert. Wir waren sogar in dasselbe Mädel verliebt.«

»Und wer hat sie bekommen?«, frage ich.

Die Antwort kommt prompt: »Natürlich er!«

Später recherchiere ich: Wettmannstätten liegt im Bezirk Deutschlandsberg in der Steiermark, südlich von Graz. Neben dem Waldschacher Teich im Weiler Weniggleinz gibt es noch heute eine »Lagersiedlung«. Der Reichsarbeitsdienst (RAD) war ein ab 1935 verpflichtender, ein halbes Jahr dauernder Arbeitsdienst, der, wie auch die Hitlerjugend, auf die Wehrpflicht vorbereiten sollte. Die Musterungspapiere meines Vaters sind mit 31. August 1942 datiert. Den RAD hat er wohl irgendwann ab Frühling 1943 absolviert, denn am 25. Februar 1943 hat er »im Sinne des Erlasses des Herrn Reichsministers für Wissenschaft, Erziehung und Volksbildung« seine Reifeprüfung abgelegt, wenn auch nur mit befriedigendem Erfolg. Einziges »sehr gut«: Englisch.

Gerhard Freund besuchte das Gymnasium in der Rosasgasse im zwölften Wiener Bezirk. Er dürfte schon mit sechzehn Jahren verstanden haben, was Krieg bedeutet, denn im Schulgebäude richtete die Wehrmacht 1941 ein Lazarett ein. Der Schulbetrieb übersiedelte ein paar Gassen weiter. In einem meiner Schuhkartons finde ich ein Schreiben der Schule an Maximilian Freund (25. März 1942), wonach sein Sohn Gerhard Freund, Schüler der VII a, »wegen ungebührlichen Benehmens in der Turnstunde eine Karzerstrafe im Ausmaße von 4 Stunden« erhalten hatte. Der Karzer – der Kerker der Schule – diente später als Zufluchtsort bei Luftangriffen. Sowohl das Lazarett als auch die Ersatzschule wurden am 21. Februar 1945 bei Bombardements der alliierten Luftwaffe zerstört. Aber da war mein Vater bereits in Amerika.
Wahrscheinlich ab Herbst 1943 bis August 1944 war mein Vater auf »Garnison« zur Ausbildung in Tschechien. Die Dauer der Ausbildung schwankte erheblich und konnte zwischen ein paar Wochen und vielen Monaten liegen. Neben der Schulung in diversen Waffengattungen zielte die Ausbildung auf das Brechen des Willens ab. Schikanen und Demütigungen sollten bewirken, dass sich die Soldaten vor allem eines wünschten: wegzukommen, und sei es an die Front.

1944

Montag, 28. August
Als einzige Tagesration bekommen wir zu vier Mann ein halbes Päckchen Knäckebrot. Die Nacht hatte es zu regnen begonnen, wir hatten unser Rasenplätzchen verlassen müssen und uns unter die Einfahrtsbogen auf den Beton-

boden gelegt. Morgens waren wir vollkommen zerschlagen. Währenddessen gingen die tollsten Gerüchte um: Wir würden den Amerikanern übergeben werden, wir würden demnächst von den Franzosen zu einem Propagandamarsch durch Paris abgeholt, eine deutsche Panzerarmee stünde vor den Toren von Paris, man höre schon den Geschützdonner usw. Ein amerikanischer Korrespondent besuchte das Lager, wurde sofort von allen – beinahe 2000 Mann – umringt, aber das einzige, was wir erfuhren, war, dass er überhaupt nichts wusste. Ich war freudig erregt hingestürzt im vollen Bewusstsein meiner Englischkenntnisse, und war fürchterlich erschrocken als ich bemerken musste, dass ich kein Wort von dem verstand was der gute Mann sagte. Es war der erste Englischgeborene, den ich jemals hatte sprechen hören.

Die Selbstironie dieser Stelle hat etwas Rührendes. Mein Vater kannte nichts als sein Schulenglisch, das wahrscheinlich klassisch-britisch gelehrt wurde, und möglicherweise nicht mit dem größten Ehrgeiz vonseiten der Lehrerschaft, denn nach Kriegsbeginn sollten die Schüler mit der englischen Sprache gleichzeitig den Hass auf die Engländer lernen.

Bei meinem Vater hat das nicht geklappt. Er war später sogar Englischlehrer für seine Mitgefangenen. Die Liebe zur englischen Sprache behielt er bei. Er las englische und amerikanische Bücher ausschließlich in Originalsprache. Bei unserem letzten gemeinsamen Familienurlaub in Irland konnte ich hören, wie er fließend und mit großer Freude Englisch sprach.

Unter Tags kam dann eine Rotkreuz-Kommission an, die Verletzte behandelte, ein französischer Zivilarzt, der alles tat, was in seinen Kräften stand und einige Schwestern, von denen eine Englisch sprach. Zu ihr ging ich hin und fragte sie, ob keine Aussichten bestünden, dass wir aus deutschen Beständen hier irgendwo eingekleidet werden könnten.

Die beiden wollten also wieder eine Uniform – vielleicht, weil auch die Amerikaner Deserteure mit Misstrauen betrachteten? Oder aus Angst vor Rache der zweitausend anderen?

Sie versprach mir, sich zu erkundigen, und noch am selben Tage kam ein Lastwagen an mit einem Schub von deutschen Uniformen und wir wurden eingekleidet. Natürlich ohne Tressen, auf meiner Uniform war noch die Spur des ehemaligen Gefreitenwinkels zu erkennen. Obwohl ich absolut kein Interesse daran hatte, mich mit meinem Dienstgrad aufzuspielen, so war es mir doch sehr peinlich, dass man schon hinter unserem Rücken allerlei flüsterte, denn schließlich war man ja darauf angewiesen, mit all diesen Leuten noch für eine geraume Zeit zusammenzuleben.

Dienstag, 29. August
Der Tag verlief wie alle anderen hier, wir versuchten uns ziemlich abgesondert zu halten, was uns auch bis auf wenige Ausnahmen gelang. Die Verpflegung war an diesem Tag noch spärlicher. Es gab eine Konserve für 14 Mann und wieder etwas Knäckebrot. Endlich, während der Mittagszeit, ging es wie ein Lauffeuer durch den Hof, dass wir noch heute abtransportiert werden sollten. Marschgruppen

wurden eingeteilt und man sagte uns, dass wir in der unmittelbaren Nähe des Eiffelturmes in den Gewahrsam der Pariser Feuerwehr übergeben würden. Das waren für uns nette Zukunftsaussichten. Schon die französische Polizei zeigte wenig Lust, uns gegen die Volksmengen zu schützen, was würde da erst bei der Feuerwehr werden? Mit der zweiten Marschgruppe marschierten wir schließlich ab, vor uns die Offiziere, ich ging mit einem Holzkistchen, das ich mir irgendwo für meine Habseligkeiten aufgetrieben hatte, in der ersten Reihe der Mannschaften. Neben jedem dritten Glied der Marschkolonne ging ein Polizist mit dem eigentümlichen kleinen Karabiner, den die französische Polizei hatte, und wir waren überrascht, wie besorgt man um unser Wohlergehen war. Den ganzen Weg hindurch, vom Louvre bis zum Eiffelturm, ein schönes Stückchen, hatten sich Menschen angesammelt, die uns die besten Wünsche für unsere Zukunft und freundliche Beinamen zuriefen und außerdem uns noch manchmal kleine Andenken zuwarfen. Bezeichnend ist folgender Vorfall: Als wir eine große Hauptstraße überqueren wollten – ich weiß nicht welche, ich hatte die paar Tage, die ich in Bewegungsfreiheit war, mir gerade Notre Dame ansehen können – war der Weg gesperrt durch eine unabsehbare amerikanische Nachschubkolonne. Wir blieben einige Sekunden stehen, und schon waren einige Zuschauer in unsere Reihen eingebrochen und versuchten, uns noch persönlich zu begrüßen.

Dieses ständige, fast schon britische Understatement ist augenfällig: Schmähungen werden als gute Wünsche, körperliche Gewalt als persönliche Begrüßung und gefährliche Wurfgeschoße als kleine Andenken bezeichnet.

Ich erinnere mich an eine Erzählung meines Vaters, wonach gefangene deutsche Soldaten beim Marsch durch Paris von aus Fenstern geworfenen Blumentöpfen tödlich getroffen wurden. Dieses Bild des aus dem Fenster fliegenden Blumentopfs hat sich mir eingeprägt – in meiner Phantasie sehe ich einen Terrakottablumentopf mit einer verdorrten Pflanze, der wie in Zeitlupe auf die Kolonnen der Gefangenen herabschwebt, mit tödlicher Langsamkeit.
Die französische Exekutive hielt sich jedenfalls an das bei der Unterzeichnung der Kapitulation gegebene Versprechen, die deutschen Kriegsgefangenen zu schützen. Und auch irgendwie zu verpflegen, was bei der Bevölkerung, die selbst kaum etwas zu essen hatte, nicht gut ankam.
Der Weg vom Louvre zum Eiffelturm ist eigentlich nicht sehr lang – an der Seine entlang ein hübscher Spaziergang von einer guten halben Stunde. Möglich aber, dass man mit den Gefangenen Umwege ging, um zum Beispiel Flucht durch das Wasser unmöglich zu machen. Die erwähnte Hauptstraße könnte der Boulevard Saint-Germain gewesen sein.

Kurz entschlossen hielt der französische Polizeioffizier die Autokolonne an und gab den Befehl zum Weitermarsch. Gleichzeitig kam von hinten ein amerikanischer Offizier herangestürzt, der sich nach der Ursache der Stockung erkundigte und daraufhin den Offizier der Polizei fürchterlich anschrie, was er sich eigentlich einbilde, eine Nachschubkolonne für die Front wegen ein paar Kriegsgefangener aufzuhalten. Der Franzose erklärte daraufhin die Situation und sagte, er könne es nicht verantworten, uns auch nur drei Minuten hier stehen zu lassen. Wir konnten ungehindert passieren.

Ich konnte innerlich dem Volk von Paris keine Vorwürfe für sein Verhalten machen, denn sie hatten unter der deutschen Besatzung einiges auszustehen gehabt. Es steht aber jedenfalls fest, dass, was hier auf den Straßen johlte, derselbe Mob war, der seinerzeit die deutschen Eindringlinge bejubelt hatte.

Das ist im Prinzip eine lebenskluge Behauptung – allerdings, so viele Franzosen haben bei der Besetzung von Paris nicht gejubelt. Auf den historischen Bildern und Videos sieht man vor allem schockierte und weinende Menschen. Kein Wunder, hatte es doch der deutsche Erzfeind erstmals geschafft, bis in die Hauptstadt vorzudringen. Mit seiner moralischen Einschätzung der Volksmassen hatte mein Vater freilich nicht unrecht: Am 26. April 1944 hatten Zehntausende Pariser dem obersten Nazi-Kollaborateur Marschall Pétain zugejubelt. Genau vier Monate später jubelten die Massen dem Befreier de Gaulle zu. Es ist anzunehmen, dass es sich nicht um vollkommen verschiedene Massen handelte.

In der Eiffelturmkaserne wurden wir in einem riesigen Schuppen untergebracht, lagen auf Stroh und bekamen das erste warme Essen seit Tagen: warmen Kaffee, Suppe, einige Heringe und genügend Brot. Wir fühlten uns überglücklich. Unsere Sorgen über ungenügenden Schutz wurden von älteren Insassen der Kaserne zerstreut, die erzählten, dass die Feuerwehr einen Tag vorher auf Kommunisten geschossen hätte, die versucht hatten, über die Mauern zu steigen und ein Massaker zu veranstalten. Dessen ungeachtet war die Freude und der Jubel kaum zu beschreiben, als am

Mittwoch, 30. August
eine Wagenkolonne anfuhr, amerikanische Offiziere ausstiegen und den ersten Schub in amerikanische Obhut übernahmen. Beim zweiten Schub waren wir dabei. 50 Mann auf den Wagen, gepresst wie die Heringe, aber wir hätten uns auf die Kotflügel gehängt, nur um mitgenommen zu werden. Wir hatten eine lange Fahrt vor uns. Vor Mittag waren wir abgefahren, der Abend dämmerte schon, als wir in unserer ersten Durchgangsstation ankamen im Lager La Madeleine bei Chartres. Den ganzen Weg hindurch war uns ununterbrochen amerikanischer Nachschub entgegen gekommen, eine ununterbrochene Kette von Jeeps, Lastwagen, Tankwagen und Panzern, dass schließlich alle Gespräche auf dem Wagen verstummten und alle stumm dieses gewaltige Schauspiel betrachteten.

Ähnliches berichtete der Großvater von Moritz Pfeiffer (»Mein Großvater im Krieg«), der sich den Amerikanern ergeben hatte: »Wir fuhren eine Landstraße entlang. Da sahen wir Material und Munition, die war am Straßenrand aufgeschichtet, Unmengen, praktisch die ganze Strecke von Metz bis nach Compiègne. Für jede Waffe, für alle Kaliber, kistenweise Munition, Granaten und so weiter. Da hab ich gedacht: Der Krieg ist aus, der ist endgültig verloren.«

2010

Wir bekommen eine neue Küche. Dazu mussten wir zunächst einen Küchenplaner engagieren, denn wir haben nicht viel Platz und wollen diesen so gut wie möglich nützen. Ein Termin mit dem Spediteur musste ausgemacht werden. Dann organisierten wir einen Elektriker, um die Geräte, sowie einen Installateur, um Gas und Wasser abzuschließen. Das musste geschehen, bevor wir mit dem Ausräumen beginnen konnten. Wir hatten wenige Stunden Zeit, alle Dinge zu verstauen: nach Wichtigkeit geordnet, zum Beispiel Tee und Kaffee vorne, weniger alltägliche Lebensmittel nach hinten. Als wir den Inhalt aller Kästen in Behelfsregalen untergebracht hatten, machten wir uns ans Zerlegen der alten Küche. Werkzeug stand bereit, ein Lagerplatz war gefunden. Dann kam der Bodenleger, um die alten Fichtenbretter abzuschleifen. Im Vorfeld war zu klären gewesen, dass der Boden danach gelaugt und geölt wird und ausreichende Mengen von allen Flüssigkeiten vorhanden sind. Vorhänge und Bilder mussten abmontiert, ein Industriestaubsauger bereitgestellt werden. Wir kauften Farbe, Pinsel und Abdeckfolie und begannen mit dem Anstrich der Wände. An einer Stelle bröckelte der Verputz von der Decke, ein Maurer musste kommen, um das zu richten. Anderntags kam ein Tischler, um ein paar Feinarbeiten beim Holz zu erledigen und Regalbretter einzubauen. Danach der Steinmetz, um eine Arbeitsfläche aus Granit zurechtzuschneiden. Alle diese Handwerker hatten wir natürlich informiert, welche Arbeiten sie zu verrichten hätten, und wir wussten, welche Gerätschaften zu besorgen waren.

Der Abbau der alten, der Aufbau der neuen sowie das Leben mit einer Zwischenlösung waren so gut wie möglich organisiert, und dennoch lebten wir zehn Tage lang im Chaos. Jeder, der schon einmal ein Haus gebaut hat, übersiedelt ist oder sich nur an einen Küchenumbau gewagt hat, weiß, welche logistische Herausforderung schon so eine Kleinigkeit darstellt. Man versuche sich vorzustellen, welchen Aufwand an Organisation ein Unternehmen wie der D-Day darstellte, an dem innerhalb von 24 Stunden 170 000 alliierte Soldaten landeten.

Amerikanische Spezialisten aus den großen Industrieunternehmen berieten die Militärs. Die Kriegsmaschine sollte laufen wie ein Fließband. Mathematiker entwarfen statistische Modelle, Vorrücken der Truppen, benötigte Fahrzeuge und Waffen, Treibstoffbedarf, Essensrationen, benötigte Zahl von Soldaten, anzunehmende »Verluste«.

Einen Monat nach der Landung waren über 300 000 Soldaten, über 50 000 Fahrzeuge und über 100 000 Tonnen Material nach Frankreich geschafft worden. Man stelle sich vor – alle Einwohner von Graz oder Bonn müssten ernährt, irgendwie untergebracht, mit Munition, Kleidung, Medikamenten, Wasser, Treibstoff versorgt werden. Und der Bedarf war enorm. Nur ein Beispiel: Ein mittelmäßig ausgerüsteter Sherman-Panzer der U.S. Army brauchte je nach Gelände drei- bis vierhundert Liter Benzin auf hundert Kilometer.

Dazu kamen die unzähligen Gefangenen, die es ebenfalls zu versorgen und zu transportieren galt. Nicht nur Deutsche, auch Elsässer, Polen, Russen, Balten und andere, die zwangsverpflichtet worden und nun den Alliierten in die Hände gefallen waren. Die erstaunten Blicke der »PWs«, der Prisoners of War, auf die beschriebene Nachschubkolonne verwundern nicht. Sie wurden Augenzeugen der eindrucksvollen Überlegenheit der Amerikaner bei Logistik und Material. Die Gefangenen wussten aus eigener Erfahrung auch, dass die Panzer, die Artillerie, die Soldaten, die sich vor ihren Augen Richtung Westen bewegten, zum Einsatz kommen würden. Und was das für ihre ehemaligen Kameraden, aber auch für ihre Familien bedeutete.

Angesichts des gigantischen Aufwands, den die Menschen leisten, um einander zu töten und zu vernichten, stelle ich mir manchmal Fragen wie: Warum wollen die reichen Staaten dieser Erde nicht den – viel weniger aufwendigen! – Versuch unternehmen, alle Menschen der Welt zu ernähren? Oder die Energiewende zu schaffen? Aber ich weiß, solche Fragen sind in ihrer Naivität peinlich. Immerhin, ich bin in guter Gesellschaft, etwa in jener von Albert Einstein: »Ein Zehntel der Energien, die die kriegführenden Nationen im Weltkrieg verbraucht, ein Bruchteil des Geldes, das sie mit Handgranaten und Giftgasen verpulvert haben, wäre hinreichend, um den Menschen aller Länder zu einem menschenwürdigen Leben zu verhelfen sowie die Katastrophe der Arbeitslosigkeit in der Welt zu verhindern. Wir müssen uns stellen, für die Sache des Friedens die gleichen Opfer zu bringen, die wir widerstandslos für die Sache des Krieges gebracht haben. Es gibt nichts, das mir wichtiger ist und mir mehr am Herzen liegt.«

Doch es scheint in der menschlichen Natur zu liegen, dass wir erst so wirklich nachzudenken beginnen, wenn es um Leben und Tod geht. Das konnte man am Zweiten Weltkrieg gut beobachten. Fast alle technischen Errungenschaften des 20. Jahrhunderts wurden während des Kriegs erfunden oder entscheidend weiterentwickelt: Flugzeug- und Raketentechnologie, Radar- und Funktechnik, Fernmeldewesen, Luftüberwachung, Fotografie und Film, von den Waffen und der Atomkraft ganz zu schweigen. Die Welt war 1945 eine völlig andere als sechs Jahre zuvor. Der Krieg als Vater aller Dinge?

1944

Mittwoch, 30. August

Als wir ankamen, regnete es, wir wurden gleich in Empfang genommen, überall waren deutsch sprechende Amerikaner, und kaum waren wir eine halbe Stunde dort, traten wir an zum Essensempfang. Wir bekamen C-Rationen, die übliche Frontverpflegung des Amerikaners, die, wie wir später in Amerika erfuhren, dem Amerikaner drüben als der größte Beweis für die Entbehrungen seines GI in Frankreich erschien. Uns kamen sie vor wie Manna vom Himmel. Zwei Büchsen, eine mit einer Fleischspeise, fett nahrhaft, wie wir schon lange nicht gegessen hatten. Und die zweite Büchse: Cakes, ein Getränk, Bonbons, Zucker, Zigaretten. Wir waren sprachlos.

Die C-Ration, auch Field Ration genannt, bestand aus einer Fleischdose (mit Bohnen oder Kartoffeln), Schokolade, drei Keksen, drei Zuckerwürfeln, drei Bonbons, vier Zigaretten, Löskaffee.

Die wesentlich üppigere K-Ration lieferte fast dreitausend Kalorien und bestand aus einer Frühstücksportion, einer »Dinner-« und einer »Supper unit« mit Dosenfleisch, Dosenschinken- oder -wurst, Kaugummis, Wasserreinigungstabletten, Suppenpulver, Keksen, Löskaffee, Salz, Schokolade, Bonbons, Getreideriegel, Zucker sowie Klopapier und Zigaretten. So nah konnte im Krieg der siebte Himmel sein.

Donnerstag, 31. August
Wir machten, nachdem wir die Nacht im Regen verbracht hatten, teilweise auf meiner Kiste sitzend, teilweise durch den Schlamm stapfend, um nicht einzufrieren. [Satzteil fehlt.] *Gegen Mittag werden das erste Mal unsere Personalien aufgenommen, wobei ich die erste Enttäuschung erlebe, als auf die Frage nach der Nationalität auf meine Karte »German« geschrieben wird, obwohl ich hartnäckig behauptete, ich wäre Österreicher. »Das würde sich alles noch finden«, war die Antwort. Kurz nach der Personalienaufnahme werden wir wieder auf Trucks verladen und fahren in ein anderes Durchgangslager nach d'Amigny in der unmittelbaren Nähe von Alençon. Unbeschreiblich ist unsere Freude, als man uns zwei Decken und eine Holzpritsche in einer Baracke zuweist. Obwohl der Wind durch alle Ritzen pfiff, schliefen wir nicht nur die ganze Nacht prächtig, sondern auch noch weit in den nächsten Tag hinein.*

Gemeint ist hier sicher der kleine Ort Damigny nördlich von Alençon, auf halbem Weg zwischen Chartres und Caen. Das Camp de Damigny war bereits im Jahr 1939 errichtet worden. Bis Mai 1940, als die Wehrmacht Frankreich besetzte, waren hier sogenannte »indésirables« untergebracht, vor allem Flüchtlinge aus Deutschland und Österreich, Juden, Kommunisten, Nazi-Gegner. Frankreich hatte damals riesige Flüchtlingswellen aus Italien, Spanien, Deutschland und Österreich zu verkraften, sodass man sich zur Einrichtung von Lagern entschied, die euphemistisch »Empfangszentren« genannt wurden. Zu den Antinazis in Damigny gesellten sich 1940 Wehrmachtssoldaten, die von der französischen Armee gefangen genommen worden waren. Allerdings nicht lange, denn der »Blitzkrieg« gegen Frankreich im Mai 1940 führte sehr schnell zur Besetzung des Landes. Nach der Landung der Alliierten in der Normandie 1944 hielt zunächst die Wehrmacht gefangene britische und amerikanische Fallschirmjäger in Damigny fest. Am 11. August 1944 mussten die Deutschen das Lager räumen. Danach diente es den alliierten Truppen als Kriegsgefangenenlager. Der letzte deutsche Gefangene verließ das Lager erst 1948. Für meinen Vater war es nur eine Zwischenstation.

Vier Jahre vor meinem Vater war in Damigny der Wiener Musiker Marcel Rubin interniert, der ebenso wie mein Vater im kulturellen Wien der Nachkriegszeit eine Rolle spielen sollte. Rubin hatte in den zwanziger Jahren bei Darius Milhaud in Paris Komposition studiert. Nach dem »Anschluss« 1938 war er nach Paris geflüchtet. 1939 wurde er als »feindlicher Ausländer« interniert, im Februar 1940 kam er ins Lager Damigny. Dort vertonte er einige Balladen von François Villon sowie Jura Soyfers berühmtes »Dachau-Lied«. Rubins Fassung ist heute freilich weniger bekannt als jene von Herbert Zipper. Nach dem Krieg arbeitete Rubin als Komponist und Musikkritiker. Er starb 1995 hochbetagt in Wien und wurde in einem Ehrengrab auf dem Zentralfriedhof bestattet.

Freitag, 1. September
Auch diesen Tag verbringen wir noch in den Baracken, essen wieder C-Ration und fühlen uns im großen und ganzen sehr wohl.

Samstag, 2. September
Gegen Mittag werden wir aus den Baracken herausgeworfen und zum Entlausen gebracht. Die Prozedur geht im Freien vor sich, der Wind geht und es ist nicht gerade warm. Nachher werden wir in ein anderes Compound geführt, nur mit Decken versehen, ohne Zelte ohne alles. Eine große freie Ebene, nur durch einige Apfelbäume belebt, ist in zahlreiche größere und kleinere Compounds eingeteilt, deren Bedeutung man noch nicht erkennen kann. Die Apfelbäume, die innerhalb des Stacheldrahtes stehen, sind nur mehr schwarze Spukgestalten, denn der PW kann alles brauchen, nicht nur die Äpfel, sondern auch jedes kleine Ästchen, das er irgendwie abmontieren kann. Wir verbringen die Nacht im Freien. Teils haben wir uns zu dritt unter unsere Decken gekauert, um uns warm zu halten, aber das dauert nicht lange, wenn sich einer umdreht, wachen die anderen auf und müssen sich gemeinsam umschichten.

Sonntag, 3. September
Gegen Mittag wieder müssen wir antreten, das ganze Compound in eine riesige Linie, und dann beginnt die erste Vernehmung. Das amerikanische Personal besteht fast ausschließlich aus deutschen Emigranten. Ich werde gefragt, wie alt ich wäre, wann zur Wehrmacht gekommen, Geburtsort und sonst nichts. Ich werde zum größten Haufen geschickt. Später erfahre ich, dass man die anderen gefragt hätte, ob sie Nazis wären oder Volksgenossen, ob sie Österreicher oder Deutsche wären. Erst bin ich sehr enttäuscht, dass ich nicht mehr gefragt worden bin, aber dann bemerke ich, dass man nur die abgesondert hat,

die sich als Nazis bezeichneten, oder Elsässer, Tschechen, Polen etc. Als diese Vernehmung beendet ist, wird der große Haufen von einem deutsch sprechenden Oberleutnant gefragt, wer Englisch könne. Einige treten vor, darunter Papa und ich. Wir werden von ihm gefragt – in Englisch – wo und wie lange wir gelernt hätten, unsere Antworten fallen befriedigend aus, und wir kommen in das kleinste Compound von allen, das schon mit Menschen vollgestopft ist. Ich erfahre, dass nicht nur Dolmetscher hier herinnen sind, sondern auch Kraftfahrer, Sanitäter und Bäcker. Die Nacht wie zuvor.

Montag, 4. September
Früh werden 6 Dolmetscher gesucht, wir sind dabei und werden von einem Amerikaner hinausgeführt in das Zeltlager der Wachmannschaft und müssen auf einer großen Wiese 3 Zelte aufbauen. Diese Arbeit einer Stunde ziehen wir den ganzen Tag hin, bekommen Wasser in Hülle und Fülle, essen Äpfel, sprechen Englisch und freuen uns wie die Kinder, als wir zum Schluss noch eine C-Ration bekommen. Als wir abends ins Lager zurückgeführt werden, sehen wir, dass keine Verpflegung während des ganzen Tages ins Lager gekommen ist.

Dienstag, 5. September
Mein 19. Geburtstag. Ein Tag der wehmütigen Erinnerungen an zu Hause. Nach der langen Hungerkur kommen K-Rations ins Lager, wir essen wie die Götter, es ist als ob für mich ein Geburtstagsmahl bereitet worden wäre. In meiner Rationbox finde ich einen Riegel Schokolade. Es ist ein wunderschöner Abend, das Volk geht die lange Lager-

straße auf und ab und ich treffe Max Scholz, einen Volksschulkollegen. Im Lager ist ausgezeichnete Stimmung.

Mit zunehmendem Alter verschiebt sich für mich die Grenze zwischen Kindheit und Erwachsenenalter. Für mich sind heute Neunzehnjährige irgendwie auch noch Kinder. Der damals immerhin bereits 27-jährige Schriftsteller Heinrich Böll, als Soldat der Wehrmacht in Frankreich stationiert, muss ähnliche Empfindungen gehabt haben. In seinen »Briefen aus dem Krieg« schrieb er: »Es ist wirklich traurig, wenn man diese Kindergesichter im grauen Rock sieht.«

Eine beliebte Scherzfrage im Jahr 1944 lautete: »Warum findet der Krieg ab jetzt nur noch am Nachmittag statt?« – »Weil die Soldaten am Vormittag in der Schule sind.«

Eine der wenigen klaren Erinnerungen an meine Kindheit ist jene an ein Foto, das mir mein Vater gezeigt hat. Das Bild schockierte mich. Auf einem Klassenfoto, natürlich in Schwarzweiß, waren da die Jungen aus Gerhards Schulklasse zu sehen. Jene, die im Krieg gefallen waren, hatte mein Vater mit einem schwarzen Kreuz markiert. Manchmal mit einem blauen oder einem roten Kreuz, wenn kein schwarzer Kugelschreiber zur Hand war. Die Jungen waren etwa so alt wie ich damals. Elf oder zwölf Jahre alt. Mit brav gescheitelten Haaren, im Trachtenanzug, oder mit weißem Hemd und Krawatte, sehen sie fröhlich, frech, herausfordernd, ängstlich, zornig, skeptisch oder vertrauensvoll in die Zukunft beziehungsweise in die Linse des Fotografen.

Von 31 sind zehn mit Kreuzen markiert. Statistisch betrachtet sind wohl mehr von ihnen umgekommen, nur wird es mein Vater nicht immer erfahren haben.

Ich suche das Bild aus einem meiner Schuhkartons heraus. Der

Kontrast zwischen den hoffnungsvollen Kindergesichtern und dem Kugelschreiber-Kreuz, das ihren Kriegstod markiert, bewegt mich immer noch. Mir fällt auch wieder ein, dass ich mich damals als Kind gefragt habe, warum gerade die freundlich dreinblickenden Burschen umkommen mussten. Warum hatte Gott nicht die mir damals unsympathisch scheinenden genommen? Das frage ich mich heute nicht mehr. Im Lauf der Zeit lernt man, dass das Leben oder der Tod oder Gott auf Dinge wie Sympathie oder Anstand keinerlei Rücksicht nehmen.

Auf der Rückseite des Fotos steht, mit blauer Tinte geschrieben: »1936. 1. Kl. Gymnasium«. Darunter, in schwarzer Tinte, zwei Namen: »Rüfer Johann †1943 in Russland; Rof Georg †20.1.1944 in Italien Monte Cassino«. Die anderen acht Toten sind nicht namentlich vermerkt.

Die Nachnamen kann ich nicht genau entziffern, es könnte auch Rüher oder Rock heißen. Die Schrift meines Vaters ist nicht besonders gut leserlich. Jedenfalls hat er selbst diese Eintragungen gemacht. Ich nehme an, bevor er selbst in den Krieg gezogen ist, denn über einen längeren Zeitraum hätte er sich das genaue Todesdatum seines bei der Schlacht um Monte Cassino gefallenen Kollegen wohl nicht gemerkt.

Neben den Fotos finde ich ein Stück Papier, offensichtlich aus einem Heft herausgerissen. Darauf ein Entwurf zu einem Gedicht. Einige Streichungen und Verbesserungen, die Schrift meines Vaters:

> »Ein Knösplein war es nur im rauhen Frühlingswind
> geknickt war nur der Leib
> die Seele flog befreit zurück ins All
> von dort kommt wieder sie vielleicht zu dir
> in einem andern Kind.«

»1936, 1. Klasse Gymnasium«: Mit Kreuzen oder durchgestrichenen Gesichtern hat mein Vater jene Kinder markiert, die später im Krieg gefallen sind. Er selbst sitzt in der zweiten Reihe, Vierter von rechts.

2011

Was macht getötete Kinder anders? Sind getötete Erwachsene besser? Kinder können sich nicht wehren gegen die Gesellschaft, die sie großzieht. Deshalb genießen Kinder normalerweise Sonderrechte. Wir schützen sie vor uns.

Meine siebenjährige Tochter Hannah ist vor dem Fernseher eingeschlafen. Ich trage sie in ihr Bett. Ich komme am Spiegel vorbei und sehe uns an. Ihre Arme hat sie wie Flügel ausgebreitet, ihre kleinen Hände baumeln müde herab. Der Kopf hängt entspannt über meinem Arm, der Mund ist leicht geöffnet, und auf dem von Locken umrahmten Gesicht ruht ein friedlicher Ausdruck. Ich erschrecke, ein Bild kommt in mir hoch. Ich stehe jetzt genau so da wie der irakische Vater, den ich damals im Fernsehen gesehen habe. Er trug ein kleines lockiges Mäd-

chen im Arm, das bei einem amerikanischen Raketenangriff getötet worden war. Im Gesicht des Vaters konnte man Entsetzen lesen, und Hass.
Manchmal wird einem schlagartig klar, warum Menschen, die wir »Fanatiker« und »Radikale« nennen, Radikale und Fanatiker werden.
Ich trage Hannah ins Bett und decke sie zu.
Ich gehe zurück ins Esszimmer. Die Nachbarn sind zu Gast. Wir führen eine Gender-Kriegsdiskussion. Die Nachbarin beteuert, sie könnte im Extremfall töten und wäre sicher eine gute Soldatin. Ihr Ehemann widerspricht. Er will das nicht glauben.
In den vielen Interviews mit Soldaten, die ich im Laufe der Recherche zu diesem Buch gelesen habe, kehrt ein Thema immer wieder: Viele der Männer sagten sinngemäß, sie wüssten nicht, wie sie das, was sie erlebt, wie sie das, was sie getan haben, ihren Frauen zu Hause erzählen sollten. Die Männer schämten sich vor ihren Frauen, wenn sie daran dachten, wozu sie fähig gewesen waren.
Wären wir selbst dazu fähig? Unsere kleine Runde bei Tisch ist sich einig: Ja. Wenn man erst einmal zum Töten erzogen wird und dann in eine Situation gerät, die nur die Wahl lässt, entweder selbst zu töten oder zu sterben, denkt man wohl nicht lange nach. Der Nachbar erwähnt den Film »Full Metal Jacket«, ein Vietnam-Epos, das zum größten Teil die Ausbildung der Soldaten zeigt und vor allem das endlose Warten. Warten auf den Einsatz. Und wenn einen die Ausbildner in dieser öden und sinnlosen Zeit des Wartens so richtig entmenschen und demütigen, freut man sich auf den Ernstfall, mit tödlichem Elan.
Man: Mann?
Ich kann es nicht lassen. Ich komme auf den Straßenverkehr zu sprechen und sage: Wenn dir einer in der Kurve auf deiner

Spur entgegenrast, dann ist das immer ein junger Mann. Das Hirn von Testosteron benebelt. Er hält sich für unsterblich. An andere denkt er sowieso nicht. Auch die Verkehrsstatistik zeigt deutlich: Die meisten Unfalltoten oder Verschulder von tödlichen Unfällen sind Männer bis 25. Lauter Helden, vor allem nach drei Bier. Das hat für mich durchaus mit Krieg zu tun.
Die Nachbarin widerspricht. Es gibt Soldatinnen, die ihren männlichen Kollegen in nichts nachstehen. Auch unter KZ-Aufseherinnen gab es Kriegsverbrecherinnen, die wegen ihrer besonderen Brutalität gefürchtet waren. Sind das Ausnahmen? Oder können die Umstände und die entsprechende Ausbildung aus jedem Menschen, egal welchen Geschlechts, eine Bestie machen? Unsere Nachbarin sagt eindeutig Ja. Das irritiert mich auch. In meinem Weltbild wurde Krieg stets von Männern gemacht; Frauen und Kinder hatten darunter zu leiden. Möglicherweise bediene ich aber nur ganz alte Geschlechterklischees, wenn ich Männer als zerstörend und Frauen als bewahrend bezeichne. Vielleicht stimmt es gar nicht, dass jene Wesen, die Kinder auf die Welt bringen, größere Schwierigkeiten damit haben, diese Kinder dann zu töten.
Ich hole eine Zeichnung, die ich neben meinem Arbeitsplatz aufgehängt habe.
Ich wusste, Jakob war von der Reise in die Normandie beeindruckt. Dennoch war ich überrascht, dass er mir Monate nach unserer Rückkehr einige Bilder vorlegte, die er gezeichnet hatte. Die Bilder, in Schwarzweiß gehalten, zeigen eine hügelige Landschaft. Darauf Panzer und Strichmännchen-Soldaten, tot oder schießend. Vom Himmel fallen Bomben und Fallschirmspringer. Flugzeuge mit Maschinengewehren feuern auf die hilflos am Schirm hängenden Strichmännchen-Soldaten. Bei

manchen brennt der Fallschirm. Dazwischen ragen die großen Ballons in den Himmel, die vor Tieffliegerangriffen schützen sollen. Die Zeichnungen jedenfalls bestätigen meine Vorurteile – Rohre und geschwollene Ballons stehen stramm, Schüsse spritzen aus Gewehren, Bomben tropfen aus spitzen Flugzeugen und fallen auf die Rundungen der Erde. Eine Vergewaltigung im großen Stil. Eine Schändung. Klischees, ich weiß. Der siebenjährigen Hannah gefielen die Bilder ihres großen Bruders nicht. Sie fertigte Zeichnungen für mich an, die sie »Friedensbilder« nannte. Da fallen Geschenke, bunte Pakete mit Maschen, vom Himmel, und unten stehen lächelnde Menschen, die sich darauf freuen.

In Österreich wird im Frühjahr 2011 über die Abschaffung der allgemeinen Wehrpflicht diskutiert. Mich amüsiert besonders, dass das einzige Problem dabei das Fehlen der Zivildiener zu sein scheint: Woher die ganzen Rettungsfahrer und Altenpfleger nehmen, wenn es keine Wehrpflicht mehr gibt? Wir Zivildiener, die wir einst als »Drückeberger« bezeichnet wurden und eine »Gewissensprüfung« über uns ergehen lassen mussten, um den Ersatzdienst leisten zu dürfen, sind plötzlich zum wertvollsten Argument der Militärs geworden. Bei der Volksbefragung stimmen knapp sechzig Prozent für die Beibehaltung der Wehrpflicht. Ihr Hauptargument: Österreich braucht die Zivildiener. Ich schreibe einen Artikel, den ich einer linksliberalen Tageszeitung anbiete. Ich wundere mich darin darüber, dass in der laufenden Diskussion von keiner Partei die völlige Abschaffung des Bundesheers auch nur in Erwägung gezogen wurde. Ich schlage vor, Österreich als weltweites Vorbild zu positionieren: das Bundesheer abzuschaffen und die Produktion von Waffen in diesem Land zu verbieten. Ich schreibe, das Sitzen in Gastgärten nach 23 Uhr sei ja auch verboten; mit dem richtigen Argument, andere Menschen könnten von dem Lärm in ihrem Leben gestört werden. Da Waffen in der Regel hergestellt und eingesetzt werden, um andere Menschen in ihrem Leben zu stören (zu verletzen/zu verstümmeln/zu töten/zu Waisen oder Witwen zu machen), kann ich nicht verstehen, aus welchem Rechtsverständnis heraus die Waffenproduktion erlaubt ist.

Der zuständige Redakteur ruft mich an. Der Artikel gefalle ihm persönlich gut, aber er könne das unmöglich drucken. »Das ist zu radikal.«

Ich finde Waffen und Kriege eigentlich radikaler.

Aber wie sich der Logik des Kriegs entziehen? Der Logik des Tötens oder Getötet-Werdens? Einer Logik, die, einmal akzeptiert, ihre eigene Dynamik bekommt: Das hilft zu verstehen, warum Soldaten aller Länder und Zeiten zu Gräueltaten fähig waren, die eigentlich unerklärlich sind. Wir sollten uns da nicht ausnehmen. Die Schicht der Zivilisation ist dünn, sehr dünn.

Wie sich der Logik des Kriegs entziehen? Es geht wohl nur, wenn man sich dem Krieg entzieht. Wie mein Vater das getan hat.

1944

Mittwoch, 6. September

Gegen 16 Uhr beginnt es zu regnen, regnet die ganze Nacht. Wir ersticken im Dreck, schlafen ist unmöglich. Wir stehen zu sechst unter unseren Decken, singen, um uns die Zeit zu vertreiben, gegen Morgen hin bin ich so glücklich und finde ein altes Kistenbrett, worauf ich mich stellen kann, denn ich habe noch die Halbschuhe an von Paris und der Dreck steht mir bis zu den Schenkeln. Im Lager herrscht Revoltestimmung. Morgens werden 600 Schwerkranke abtransportiert.

Donnerstag, 7. September
Es steht eine zweite schlaflose Nacht bevor, der Dreck steigt. Ich mit meinen Halbschuhen kann kaum einen Schritt gehen, da sonst meine Schuhe im Schlamm stecken bleiben. Abends hält der erwähnte Oberleutnant eine Ansprache an die Leute, in der er ausführt, dass er weiß wie schlecht es uns ginge, dass er einen Hilferuf nach dem anderen an die zuständigen Stellen schicke und dass man ihm überall sage, die Front ginge vor, es fehlt an Fahrzeugen, Personal etc. Jeder vernünftige Mensch sagt sich, dass der Mann das ja nicht notwendig hätte, vor uns Kriegsgefangenen große Reden zu schwingen. Aber die alten Schreier tauchen auch hier wieder auf, es wäre alles Schikane, und das blöde Ausreden. Dabei merken sie gar nicht, wie blöd sie selber sind.

Freitag, 8. September
Ich habe diesmal endlich geschlafen, zu dritt haben wir uns neben der Latrine – sonst ist nirgendwo mehr Platz – eine Grube gegraben, mit Hilfe unserer 6 Decken ausgelegt, uns mit den restlichen zugedeckt und eine herrliche Nacht verbracht. Unter Tags wird es wieder schön. Die Verpflegung wird gekürzt, wir bekommen nur eine C-Ration für 4 Mann.

Samstag, 9. September
Ich habe eine furchtbar kalte Nacht verbracht. Es gibt den ganzen Tag keine Verpflegung und ich fühle mich sehr unwohl, ich bekomme Kopfweh und schlafe fast den ganzen

Tag. Die Wasserversorgung ist minimal und die Landser raufen sich um jeden Tropfen. Ich habe bis jetzt immer meine halbe Wasserration gegen Zigaretten oder Essbares eingetauscht. Jetzt ist das jedoch nicht mehr möglich, da ich Durst habe wie ein Wahnsinniger.

Sonntag, 10. September
Früh gibt es Verpflegung, wir essen mit Heißhunger. Nachmittag liege ich in der Sonne. Abends habe ich Durchfall mit Blut vermischt und muss in der Nacht mehrere Male aufstehen.

Montag, 11. September
Heute dasselbe. Ich hebe mir meine Verpflegung sorgfältig auf, da ich ja doch nichts essen kann. Während des Tages kommen noch Magenkrämpfe dazu und ich hole mir bei einer notdürftig eingerichteten Sanitätsstation – Natriumbicarbonat. Zu meinem größten Leidwesen kommt noch zu allem Übel meine historische Zeitung weg, die ich bis dahin sorgfältig aufbewahrt habe.

Während an diesem 11. September 1944 amerikanische Truppen bei Trier die Reichsgrenze erreichen, weist mein Vater im »compound«, dem Lager, alle Anzeichen einer bakteriellen Ruhr-Infektion auf. Ruhr, so lese ich im medizinischen Lexikon nach, tritt vor allem in Notzeiten auf, wenn schlechte hygienische Bedingungen, etwa von Fäkalien verseuchtes Trinkwasser, und ein geschwächtes Immunsystem die Verbreitung von Shigellen-Bakterien begünstigen. Typische Symptome der Bakterienruhr sind hohes Fieber, Abgeschlagenheit, Bauchkrämpfe und blutig-schleimiger Durchfall. Die Sterblichkeitsrate beträgt je nach Schwere der Infektion bis zu zehn Prozent. Die Behandlung mit Natriumbicarbonat, was nichts anderes ist als Speisesoda, konnte vielleicht ein paar Symptome lindern. Eigentlich hätte mein Vater ein Antibiotikum gebraucht.

> *Dienstag, 12. September*
> *Ich habe mich endlich zu dem Entschluss durchgerungen, zum Arzt zu gehen. Durch Zufall erfahre ich am Weg dahin, dass 320 Dienstgrade wegkommen sollen. Ich kehre sofort wieder um, und komme gerade noch zurecht, als bei der Verlosung in der Dolmetschergruppe Papa und ich das Glückslos ziehen.*

Ich nehme an, PW Gerhard Freund wollte deshalb mitkommen, weil die Verhältnisse in dem Lager schlecht waren. Ein »Posten« als Dolmetscher versprach Privilegien, und jede Entfernung von der Front mehr Sicherheit.

> *Wir werden einige Compounds weiter geführt und gehen nochmals durch einige Prozedurzelte. Unsere Sachen werden nochmals durchsucht, ich komme dabei durch, ohne etwas von meinen Kostbarkeiten zu verlieren. Zum Schluss kommen wir in ein kleines Compound, in dem die Verhältnisse besser zu sein scheinen, als in unserem früheren. Ich esse zum erstenmal wieder ein bisschen und denke daran, dass heute zu Hause meine Mutter Geburtstag »feiert«.*

Gerhard hat recht, wenn er das Wort »feiert« in sarkastische Anführungszeichen setzt. Im September 1944 begannen die schweren Bombenangriffe auf Wien. Mechtilde Freund, seit Februar verwitwet, evakuierte sich und ihre Kinder Gudrun (zehn Jahre alt) und Iduna (fünf Jahre alt) aus der vom Bombenkrieg gezeichneten Stadt. Die drei fuhren mit ihren Habseligkeiten nach Weiten in Niederösterreich, wo sie jahrelang ihre Sommerfrische verbracht hatten. Dort, in Weiten, »feierte« Mechtilde Freund ihren 44. Geburtstag. Kurz davor sollte sie einen Brief von einer Wehrmachtsstelle bekommen, wonach Gerhard Freund als vermisst gemeldet wurde.

Brachte mein Vater nicht auch seine Familie in Gefahr? Es ist bekannt, dass die Familien von Deserteuren unter Repressionen zu leiden hatten, denn die Familien von »Volksverrätern« gehörten nicht mehr zur »deutschen Volksgemeinschaft«. Das muss meinem Vater bekannt gewesen sein. Nach dem Chaos in Paris konnte er damit rechnen, einfach als »vermisst« zu gelten, doch so sicher war das nicht. Man könnte natürlich auch meinen, dass die Wehrmacht zu dieser Zeit ganz andere Probleme hatte, als einzelnen Soldaten nachzuforschen. Aber die historischen Dokumente zeigen, dass Deserteure seit 1944 mit noch größerer Akribie und Brutalität verfolgt wurden. Die Zahl der Hinrichtungen nahm dramatisch zu.

Das lag auch an der nicht unbegründeten Angst des Oberkommandos, die Desertion könnte sich zu einem Massenphänomen entwickeln. Tatsächlich »verschwanden« immer mehr Soldaten, kehrten nicht von Heimaturlauben zurück, liefen zum Feind über. Letzteres vor allem an der Westfront. Das Überlaufen zur Roten Armee galt als wesentlich gefährlicher.

Die Soldaten der Wehrmacht in Frankreich hatten bereits im Juli 1944 keine tauglichen Waffen mehr. Der Munitionsnachschub funktionierte schlecht. Die Soldaten waren chronisch unterernährt und durch die permanenten Luftangriffe zermürbt. Sie erkannten, dass sie in den Tod geschickt wurden, von einer Diktatur, deren Tage gezählt waren. Ganze Truppenteile ergaben sich kampflos. Im Hinterland lauerten die Männer der sogenannten Auffanglinien, um die Deserteure doch noch dem Tod zuführen zu können.

Ich glaube, der junge Wehrmachtssoldat Gerhard Freund hat die Risiken seiner Desertion für sich und seine Familie abgewogen. Er liebte seine Mutter heiß, und er war seinerseits der Liebling der Mutter, womit sich auch seine Schwestern abgefunden hatten. Er wusste, es hätte seiner Mutter das Herz gebrochen, wenn er im Krieg gefallen wäre.

Leider habe ich keine eigene Erinnerung an Mechtilde Freund. Sie starb, als wir in München wohnten, ich war drei Jahre alt und hatte sie davor nicht oft gesehen. Die Verbindung zwischen ihr und ihrem Sohn blieb bis zum Ende eng, ja geradezu telepathisch. Als mein Vater, der für Übersinnliches nicht viel übrighatte, sie eines Tages im September 1970 anrufen wollte, sie aber das Telefon nicht abnahm, beauftragte er seine Schwester Gudrun, Nachschau zu halten. Noch vor Gudruns Rückruf hatte er seinen schwarzen Anzug gepackt, sich ins Auto gesetzt und war nach Wien gefahren. Sein Gefühl hatte ihn nicht getäuscht: Seine Mutter war an den Folgen eines Schlaganfalls gestorben.

Mittwoch, 13. September

Wir sind wieder umgezogen, in ein gegenüberliegendes Compound und ich fühle, dass ich am Ende meiner Widerstandskraft angelangt bin. Hunger, sengende Hitze, Durst, wahnsinniger Durst – da kommt der Befehl zum Abmarsch. Nach einer langwierigen Verlesungsprozedur marschieren wir in eingeteilten Marschgruppen ungefähr 1 Stunde in derselben sengenden Hitze zum Bahnhof von Alençon. Die

Bevölkerung versucht zu provozieren, aber die Bewachung ist gut. Vor uns marschiert eine Gruppe von Offizieren – weiß der Teufel, wo sie plötzlich herkamen, wahrscheinlich hatten sie irgendwo in Baracken gelegen – und alle Augenblicke sitzt einer am Straßenrand, der unter der Last seiner schweren Koffer und Säcke zusammengebrochen ist. Die Landser, die noch genug Energie besitzen, spucken nach den elenden Gestalten am Straßenrand, die phlegmatischeren freuen sich lediglich, dass sie nicht so viel zu tragen haben und dann und wann – aber sehr selten – findet sich eine mitleidige Seele, der vielleicht ein Offizier einmal Gutes getan hat, und hilft, einen Koffer zu tragen. Als wir endlich am Bahnhof angelangt sind, werden wir in offene Güterwagen verladen, an deren Boden noch der Kohlenstaub liegt. Verpflegung haben wir schon im Lager empfangen, Wasserkanister werden uns in den Wagen gestellt, ein Posten schwingt sich hinauf und los geht die Fahrt ins Ungewisse.

2010

Ich besuche meine Tante Gudrun, die letzte Zeitzeugin im väterlichen Zweig meiner Familie. Sie wohnt in einem Gemeindebau in Wien-Favoriten. In Favoriten ist es immer grau. Für mich jedenfalls. Die Menschen gehen mit eingezogenen Schultern und misstrauischen Blicken durch die Straßen. Sie tragen Trainingsanzüge und rauchen.
Nur Tante Gudrun raucht nicht. Sie kommt gerade vom Zahnarzt, bei dem sie sich neue Implantate machen lässt: »Kostet so viel wie ein Kleinwagen«, sagt sie, »und ist doch nur fürs Krematorium.«

Sie erzählt mir – wie übrigens immer –, sie würde so gerne sterben. Sie traut sich aber nicht, sich umzubringen, weil wenn es nicht gelingt, »dann komme ich ins Irrenhaus«. Sie schwört, sich heuer im Sommer bei jedem Gewitter ans offene Fenster gestellt zu haben, »damit mich der Blitz erschlägt«.
Ich weiß – wie immer bei Tante Gudrun – nicht, ob ich lachen oder weinen soll. Ich habe mich aber schon seit einigen Jahren für lachen entschieden. Todesnachrichten von Bekannten und Verwandten – selbst von ihrer Schwester Iduna – nimmt sie nur mit dem Satz entgegen: »Die hat's gut.« Und wenn sie selber stirbt, dann solle ich die beiden schönen Puppen ihrer Betreuerin Yvetta schenken, die sie dreimal in der Woche besucht, um mit ihr spazieren zu gehen, Einkäufe zu erledigen und zu kochen. Sie ist begeistert von den Betreuerinnen, die sie im Lauf der Zeit hatte. Die meisten kommen aus der Slowakei, doch auch Ukrainerinnen und Russinnen kümmern sich um sie. »Eine schöner als die andere«, sagt Tante Gudrun, »die würden dir gefallen. Und besonders die Russinnen sind so gut angezogen und geschminkt, dass ich mich direkt geniere, wenn ich wie eine Vogelscheuche ausschau'.«
Tante Gudrun fragt nach unseren Kindern. Wir entdecken, dass sie kurz nach dem Krieg dieselbe Schule in Altmünster besucht hat wie Jakob. »In Wien war ich in einer Mädchenschule, und ich habe die anderen Mädchen wahnsinnig blöd gefunden, wie sie immer Gruppen bilden und andere ausschließen und petzen und tratschen. Also habe ich mich ziemlich aufgeführt, bis mich meine Mutter in das Internat an den Traunsee geschickt hat. Das war eine schöne Schule, ein Schloss, aber nach einem Jahr wollte ich wieder heim, und so hab ich mich dort aufgeführt.«
Tante Gudrun lebt auf. Sie redet gerne von der Vergangenheit.

Sie, Jahrgang 1934, wurde anscheinend nicht vom Krieg traumatisiert. Sie erzählt mit leuchtenden Augen, Witz und Selbstironie.

Gerhards kleine Schwestern Iduna (links) und Gudrun

»Im Frühling 1944 sind wir nach Weiten gegangen. Ein Ort in Niederösterreich, nicht weit von der Wachau. Meine Mutter hat das tun müssen, weil meine kleine Schwester Duni nichts mehr gegessen hat, wenn Bombenalarm war. Und es war so oft Bombenalarm, dass sie uns verhungert wäre. Ich selbst habe ja den Bombenalarm geliebt. Da sind die Leute halbnackt in den Kohlenkeller gerannt … Ich hab das sehr romantisch gefunden. Statt einem Stahlhelm hat uns die Mutter Kochtöpfe aufgesetzt. Ich hatte das Kartoffelreindl auf und Duni das Milchreindl. Die Mutter hat sich das Nudelsieb über den Kopf gestülpt. Das war ein Anblick! Wenn der Alarm vorbei war, bin ich in die Straßen und habe Flaksplitter gesucht, die habe ich gehütet wie einen Schatz. Leider habe ich keinen mehr.«

Ich frage weiter nach den Erlebnissen in dem niederösterreichischen Dorf. 1944 war Gudrun zehn Jahre alt.
»Wir haben bei einer Familie Winkler gelebt, ich glaube, die Adresse war Weiten Nummer 4. Von der Familie lebt aber heute niemand mehr. Die hatten zwei Kühe. Die kleine Duni war die Halterin, sie hat die Kühe unerschrocken auf die Weide geführt und wieder zurück in den Stall zum Melken. Mit unseren Essensmarken konnten wir in ein Gasthaus essen gehen. Am Land gab es ja mehr als in der Stadt, und wir waren gut genährt. In dasselbe Gasthaus ging auch eine Schwester vom Hitler immer essen. Sie saß oft am Nebentisch. Die Schwester vom Hitler hatte in Weiten ein Haus. Auch ein verkrüppelter Cousin vom Hitler hat in dem Haus gelebt. Den hätten sie natürlich umgebracht, wenn es nicht der Cousin vom Führer gewesen wäre. Den haben aber dann, soviel ich weiß, die Russen geholt.«
Auch diese Geschichte interessiert mich. Ich kann kaum einen Absatz schreiben, ohne auf irgendein Detail zu stoßen, das mich zu weiteren Nachforschungen anregt. Ich brauche viel länger für die Arbeit an diesem Buch, als ich vorgesehen hatte. Hitlers Schwester aß am Tisch neben Tante Gudrun: Das scheint mir aber doch eine kühne Legende aus längst vergangenen Tagen zu sein.
Nach einigem Nachlesen und weiterem Nachforschen ist ganz klar: Tante Gudrun hatte nur in einem Punkt geirrt – das Haus in Weiten gehörte nicht nur Hitlers Schwester, sondern auch dem »verkrüppelten« Cousin. Ein Zeitzeuge aus Weiten erwähnt per E-Mail sogar zwei Häuser: »Paula Hitler lebte hier als Paula Wolf und hatte 2 Häuser (Weiten 26 und Weiten 27).«
Auf Anweisung des Führers hatten SS-Männer Paula Hitler kurz vor dem Kriegsende in Europa von Weiten nach Berchtesgaden gebracht. Am 5. Juni 1945 wurde Paula dort von amerika-

nischen Spezialisten des Geheimdiensts verhört. Über das Haus in Weiten sagte sie aus: »In 1941/42 I had bought a little house in Weiten in the Wachau with the assistance of my brother. It was an old villa I had furnished simply and comfortably. I did this without the help of an architect. This house was robbed and expropriated by the Russians. I still possess a small apartment consisting of two rooms in Vienna which is occupied by Americans. My intention to go back to Vienna can scarcely be realised at present.« (The U.S. National Archives and Records Administration)

Hitlers Cousin Eduard Schmidt litt an einer schweren Rückenkrümmung. Er entging jedoch dem Euthanasieprogramm der Nazis. Hitler erkaufte sich das Schweigen seiner Familie. So bekam der bucklige Verwandte eine Rente und – zusammen mit Paula – das Haus in Niederösterreich. Auch was das Ende von Hitlers Cousin Eduard Schmidt betrifft, hat sich Tante Gudrun nicht geirrt: Sowjetische Geheimagenten verhafteten ihn 1945. Das Haus in Weiten wurde zu seinem Verhängnis: Wegen Begünstigung durch Hitler verurteilte ein Gericht Eduard Schmidt zu 25 Jahren Haft – eine sowjetische Form der Sippenhaftung. Schmidt überlebte die Haft nicht: Er starb 1951. Ein halbes Jahrhundert später rehabilitierte die russische Militärstaatsanwaltschaft Hitlers Verwandte postum.

Ich frage nach, ob Tante Gudrun sich noch an andere Geschichten aus der Zeit in Weiten erinnern kann.

»Einmal ist ein russischer Deserteur aufgetaucht. Das war der schönste Mann, den ich je gesehen hab, so jung und feurig. Er hat mit einer ukrainischen Magd, die bei einem Bauern arbeiten musste, die Nacht verbracht. Obwohl ich erst zehn Jahre alt war, habe ich sie beneidet. Und einmal haben die Russen dem Bäcker in Weiten gesagt, er soll Semmeln aus Weißmehl ma-

chen. Eine ist ihm runtergefallen, und die habe ich nach Hause getragen und wir haben sie zu dritt gegessen. Das war gut! Unterm Hitler war ja alles grau. Das Brot und die Semmeln, alles grau.
Nach Kriegsende ist die Mutter von Weiten nach Wien gefahren, um zu schauen, ob die Wohnung noch steht. Sie musste in der Nacht vom Westbahnhof in die Malfattigasse gehen. Das war ganz schön riskant wegen der russischen Soldaten.
Das Haus stand noch, und so konnten wir nach Wien zurückkehren. Weil es wenig zu essen gab, kam Iduna mit der Kinderverschickung in die Schweiz. Sie hat danach so entzückend Schwyzerdütsch geredet, dass ich sie den ganzen Tag abgebusselt hab.«

Mechtilde mit Iduna und Gudrun in Weiten

1944

Donnerstag, 14. September
Wir sind mit geringen Unterbrechungen durchgefahren und schon gehörig durchgerüttelt und durchgefroren. Kein Mensch hat auch nur die geringste Ahnung, wo wir uns befinden, wir scheinen nur die ausgefallensten Strecken zu fahren. Wir haben K-Rationen am Wagen und ich esse wegen meiner schlechten Verdauung nur Schokolade, die ich mir ohne Mühe für die in der Ration enthaltenen Fleischkonserven eintauschen kann. Zur Verrichtung einer Notdurft helfen wir uns gegenseitig über den Wagenrand und der Unglückliche sitzt dann während der Fahrt auf den Puffern zwischen zwei Wagen und ist allen möglichen plötzlichen Stößen und Überraschungen ausgesetzt. Ich bin leider Gottes ein sehr häufiger Gast. Nachts können wir uns endlich orientieren. Wir fahren durch die Bahnhöfe von Vitry, le Mans und in Rennes fassen wir neue Verpflegung und auch Wasser.

Die Gefangenen fahren über Umwege nach Norden und nicht auf dem direkteren Weg über Rouen. So stören sie die Hauptnachschublinie der Alliierten nicht.
Ich kann mich daran erinnern, dass mir mein Vater immer wieder von dieser »Kloszene« erzählt hat. Was für eine schreckliche Vorstellung, Durchfall zu haben und sich nur mit fremder Hilfe zwischen den Waggons eines fahrenden Zugs erleichtern zu können.

Freitag, 15. September
Den ganzen Tag essen wir nur Überreste der gestrigen Rationen und sind überglücklich, als wir gegen Abend in Chef du Pont ankommen, das unser Bestimmungsort sein dürfte. Wir stehen vor dem Bahnhof bis es dunkel ist und ich bin mit Papa unter den letzten Gruppen, die in Lastwagen verladen und einige 20 Meilen zu einem neuen Zeltlager fahren. Wir sehen schon bei der Ankunft, dass es sich um ein groß organisiertes Lager handeln dürfte. Alles schläft in sauber ausgerichteten amerikanischen Drei-Mann-Zelten und an manchen Stellen sehen wir sogar Lagerfeuer brennen. Wir empfangen sofort – mitten in der Nacht – Verpflegung und zwei Decken, müssen jedoch die Zeit bis zum Morgen im Freien verbringen.

Samstag, 16. September
Bei Tagesanbruch werden wir in ein Compound geführt, das die größten Überraschungen in sich birgt. Aus einem nahe liegenden Bach wird über einen Destillator Wasser ins Camp hereingeleitet. Das erste Mal seit dem Louvre wieder Gelegenheit zu waschen und wir Glücklichen sind im Besitz von Seife, eines Rasierapparates und Handtuch. Wir waschen uns selbst wollüstig und darauf unsere Wäsche. Im Zelt richten wir uns zu dritt häuslich ein, Trinkwasser bekommen wir genügend und das Bachwasser verwenden wir zum Kochen. Wir richten uns vor den Zelten Feuerstellen ein und mit den dreimal Verpflegung, die wir im Tag bekommen, lässt sich ein herrliches Leben führen. Das wichtigste ist aber, dass man wieder schlafen kann ohne sich Sorgen zu machen über die kleinste Wolke, die sich am Himmel zeigt.

Sonntag, 17. September
Wir sind überglücklich über unsere gesicherte Lage und Mittags erleben wir die größte Überraschung. Wir werden, ohne unsere Sachen mitzunehmen, weggeführt, nach einem kleinen Zweiglager mit einigen großen Zelten. Und hier erhalten wir unsere Gefangenennummer, füllen unsere ersten Papiere mit Fingerabdrücken aus und zu guter letzt dürfen wir die Rote-Kreuz-Karte ausfüllen. Was für ein merkwürdiges Gefühl überkommt einen, wenn man die geliebten Namen mit der altbekannten Adresse niederschreibt nach all den schrecklichen Tagen. Und feierlich streicht man mit dicken Federstrichen durch »Bin verwundet, bin krank« bis nur mehr zu lesen ist »bin gesund«. Werden sie nach Hause kommen?

Montag, 18. September
übersiedeln wir in ein anderes Compound und führen die folgenden Tage ein gemütliches sorgloses Biwakleben und nur eines fehlt uns – Zigaretten.

Mit dem Wort »Zigaretten« endet das Kriegstagebuch meines Vaters.
Beim wiederholten Durchlesen fällt mir besonders auf, wie authentisch proamerikanisch es ist. Für einen Soldaten, der dem in der Propaganda als besonders brutal dargestellten Feind in die Hände fällt, keine Selbstverständlichkeit. In dem ganzen Tagebuch kommt kein abfälliges Wort über die Amerikaner vor. Im Gegenteil, mein Vater macht sich über jene lustig, die sich abfällig über die Amerikaner äußern. Hatte er Angst, seine Aufzeichnungen könnten zensiert oder gegen ihn verwendet werden? Ich weiß es nicht, ich weiß ja nicht einmal, wann er

das Kriegstagebuch verfasst hat. Ich glaube aber, dass sein Pro-Amerikanismus echt ist, denn er blieb ihm auch später treu. Obwohl er ein deklarierter Linker war, hat mein Vater die Kritik der 68er-Generation am amerikanischen Imperialismus nie geteilt. Er blieb den USA zeitlebens in Dankbarkeit verbunden.

Nach diesem sozusagen offiziellen, auf überlangem, sehr dünnem Papier, sehr engzeilig auf knapp zehn Seiten niedergeschriebenen Teil folgt ein weiterer, der romanhaft beginnt und mit Stichworten endet. Möglicherweise hatte mein Vater vor, seine Geschichte als Fiktion aufzuschreiben. Der Protagonist der Geschichte heißt Roland Rosenbaum, ist aber zweifellos ein Alter Ego meines Vaters, weil er von Beruf Schauspieler ist, was mein Vater nach seiner Heimkehr nach Österreich auch werden sollte. Dieser zweite Teil umfasst zwölf Seiten. Er ist mit größerem Zeilenabstand auf noch dünnerem Papier beidseitig getippt, mit einer anderen Schreibmaschine – allerdings wieder einem Modell, das weder über scharfes S noch Umlaute verfügte.

Auch dieser zweite Teil ist gut geschrieben, doch die Unmittelbarkeit des echten Tagebuchs fehlt, und so möchte ich nur wenige Stellen zitieren, die mir zum besseren Verständnis des Originaltagebuchs wichtig scheinen. Zum Beispiel jene, in der Roland Rosenbaum sich plötzlich »Papas« erinnert, der auch in der literarischen Form des Kriegsberichts diesen Spitznamen trägt.

> *Richtig, wo war der denn geblieben? Der Alte, der mit ihm Freud und Leid geteilt hatte, der ihm in Rat und Tat zur Seite gestanden war, von Mährisch Ostrau bis nach Wien, von Wien bis Metz, von Metz bis Paris.*

Der »Alte«. Wie alt mag der »Alte« gewesen sein? Für einen Achtzehnjährigen ist schon ein Vierzigjähriger ein Alter. Das weiß ich, seit mir im zarten Alter von 41 zum ersten Mal ein Platz in der U-Bahn angeboten wurde. Leider verrät der Text nichts darüber, ob »Papa« ein Soldat mit Fronterfahrung war. Einer, der vielleicht schon in Russland gekämpft und nicht die geringste Lust hatte, die Erfahrungen in Frankreich zu wiederholen. Vielleicht gehörte er zu den älteren Jahrgängen, die nun nach und nach zur Wehrmacht und später zum Volkssturm eingezogen wurden? Ich weiß es leider nicht, und fragen kann ich nicht mehr.

Und auch die aufregende Sache in Paris hatte schließlich Papa gemanaged, wer weiß, ob er ohne ihn überhaupt hier säße. Ja, der würde auch jetzt Rat wissen.

Die Desertion beschreibt mein Vater in seinem Prosafragment nun immerhin als »aufregende Sache«. Wegen der vielen anderen Parallelen gehe ich davon aus, dass dieser zweite Tagebuchteil künstlerisch wenig abgewandelt und sehr autobiografisch ist. Möglich, dass die Initiative zur Desertion vom Kameraden »Papa« ausgegangen war. Wobei Kamerad wohl nicht das richtige Wort ist. Die Kameraden waren die, die blieben.

Aber erst hieß es, ihn finden. Vielleicht war er schon mit einer der kleinen Gruppen verschwunden, als Österreicher? Fieberhaft suchten seine Augen nach der kleinen, gedrungenen Gestalt mit dem massigen Kopf und den schon silbrig glänzenden Haaren. Das heißt, von Glanz konnte man in jener Zeit nicht gut sprechen, da schon wochenlanger Dreck sich darauf gesammelt hatte, aber man konnte doch noch die weißen Haare von den dunklen unterscheiden.

Ich wühle wieder in meinen Schuhkartons und ärgere mich, kein vernünftiges Ablagesystem eingerichtet zu haben. Endlich finde ich das Foto, an das ich gedacht habe: Soldaten sehen aus einer Art Baracke. Es dürfte Sommer sein, denn sie sind leicht bekleidet. Neben meinem Vater ist ein anderer Soldat zu sehen, auf den die Beschreibung passen könnte. Ich würde den »Alten«, wenn er es denn war, auf knapp unter vierzig schätzen. Vielleicht kam der Spitzname »Papa« daher, dass sich die beiden ausgerechnet hatten, der Ältere könnte theoretisch der Vater des Jüngeren sein.

In der Baracke: mein Vater links mit nacktem Oberkörper, aber wer ist »Papa«?

Die beiden Freunde versuchen jedenfalls, das System zu ergründen, nach welchem die Amerikaner die Gefangenen aufgeteilt haben.

Jetzt hatte auch der andere seine Stimme gedämpft, denn er sprach im Unterschied zu seinem jungen Kameraden einen starken Wiener Dialekt und der war immer dazu geeignet die Aufmerksamkeit der großdeutschen Kameraden zu erregen. Der Jüngere ließ nicht locker:
»Ja, aber irgendeinen Zweck muss der ganze Zauber doch haben. Hier sind doch nicht alle Wiener, also muss es doch nach anderen Gesichtspunkten gehen. Schau einmal dort hinüber zu dem Haufen, da drüben. Ich glaube die fragen jeden, ob er Nazi ist oder nicht, und die wirklich so blöd sind, ja zu sagen, die werden dort hinüber geschickt. Du brauchst dir nur die finsteren Gestalten anzusehen.«
Der Alte grinste: »Meinst du, wir sehen anders aus?«
Auch Roland lachte, sagte aber gleich eifrig: »Ja schon, aber nicht so verbissen.«
»Aber mich hat er doch überhaupt nicht gefragt«, warf der Alte ein.
»Das ist es eben, was mich wundert. Ich hab auch den Eindruck gehabt, wenn ich gleich gesagt hätt', ich sei Wiener, hätt' er mich sofort herübergeschickt. Da gibt's eben welche, die glauben, wer aus Wien kommt, kann kein Nazi sein. Na, die werden noch ihre Wunder erleben. Erinnerst du dich noch an den, der gesagt hat: ›Ich bin ein Deutscher aus der Ostmark!‹« Roland kicherte hämisch in der Erinnerung.

Verklärung seiner Heimatstadt kann man dem neunzehnjährigen Autor jedenfalls nicht vorwerfen. Von kritischer Ironie zeugt auch folgende Stelle, in der Gerhard Freund schildert, wie der Haufen Soldaten sich für eine Befragung aufstellt:

»Ach was«, riefen andere, »der will uns was fragen, da stellen wir uns einer neben den anderen, das ist doch ganz klar, Mensch!« Die resolutesten Vertreter jeder Meinung begannen sich aufzustellen und es entstand eine Art rechter Winkel, da sich eine Gruppe nebeneinander und die andere hintereinander aufzustellen begann. Bald bekam der Winkel noch einige Abzweigungen dazu, da man sich auch über den Ort der Aufstellung im Unklaren war, so dass sich ein recht amüsantes Bild der preußischen Ordnung ergab. Zwei oder drei alte Unteroffiziere fanden sich, die sich vor den Haufen hinstellten und die Leute anschrieen, was jedoch von den meisten mit aufgeregten Gegenrufen oder höhnischem Gelächter quittiert wurde, wogegen sich einige fanden, die alle Befehle, die sie vorne geschrieen hörten, prompt ausführten. Die Besonneneren standen abseits und warteten ab, bis sich irgendetwas herauskristallisieren würde.
»Das ist das deutsche Volk«, sagte Roland pathetisch und schüttelte den Kopf.
Papa machte eine wegwerfende Handbewegung, die ebensogut dem Pathos seiner Bemerkung wie auch den Dingen gelten konnte, die sich vor ihnen abspielten: »Deppert san's«, sagte er weitaus weniger pathetisch.

1945

Als für meinen Vater der Krieg vorbei war, begann er für meine Mutter erst.
Sie befand sich auf einem Gutshof in Pernhofen im nördlichen Niederösterreich, an der Grenze zum heutigen Tschechien.
Gertraud Müller, genannt Traudi, war Ende April 1945 noch

keine acht Jahre alt. Ihre Schwester Elfriede, Friedi genannt, eineinhalb Jahre jünger.

Der Gutshof in Pernhofen gehörte zu einem riesigen Betrieb. Dorthin hatte man den Vater der beiden süßen Mädchen geschickt, die auf den Fotos dieser Zeit in die Kamera lachen, bloßfüßig und mit gelocktem Haar. Dr. Leo Müller galt als einer der führenden Saatgutexperten in der »Ostmark«. Als solcher wurde er »UK« gestellt, unabkömmlich für die Versorgung der Heimat mit Lebensmitteln. Gern hatte man Dr. Müller nicht in diese Position gehievt, denn es war allgemein bekannt, dass er als ehemaliger Anhänger der autoritären christlich-sozialen Regierung ein überzeugter Gegner des Nationalsozialismus war.
Während in Wien die Bomben fielen und die Nahrungsmittel immer knapper wurden, lebte die Familie Müller in Pernhofen fast schon feudal. Das Hauptgebäude des Gutshofs vermittelte einen herrschaftlichen Eindruck. In den Nebengebäuden und Ställen mästeten die Arbeiter Schweine und pflegten die Arbeitspferde. Enten, Gänse und Hühner liefen herum. Als die Russen kamen, bahnten sich die ersten Salatsprösslinge ihren Weg durch die satte Erde des Gemüsebeets.
Was Erinnerungen betrifft, ist meine Mutter wie ich. Beziehungsweise, falls es sich um ein genetisches Phänomen handeln sollte, bin ich natürlich wie sie. Wie auch immer: Auch sie vergisst alles. Zum Glück kann sich ihre kleine Schwester noch viel besser an die Zeit in Pernhofen erinnern, oder wenigstens an die Erzählungen ihrer Mutter über diese Zeit.
»In Pernhofen gab es eine bildhübsche polnische Köchin namens Stasi«, erzählt sie. »Sie ist immer bloßfüßig gegangen, im Sommer wie im Winter. Eines Tages kamen polnische Flüchtlinge nach Pernhofen, ungefähr dreißig.«

Winter in Pernhofen: (von links) Traudi, Mutter Hilde, Friedi

Vor wem die Polen geflüchtet waren, woher sie kamen und wohin sie wollten, weiß meine Tante nicht mehr. Es lässt sich heute auch nicht mehr rekonstruieren. Die Einwohner Polens hatten zu allen Zeiten des Zweiten Weltkriegs gute Gründe, vor Deutschen oder vor Russen zu fliehen. Oder vor beiden.

»Unsere Mutter hat die Polen auf dem Dachboden versteckt. Davon wussten außer dem Vater nur sie und Stasi, die Köchin. Hedwig, die Mutter unseres Vaters, die damals ebenfalls in Pernhofen wohnte, wunderte sich nur, dass so viel Essen verschwindet. Noch Jahre später bekamen meine Eltern Dankesbriefe von den Polen.«

In der Gegend der Nachbarstadt Laa an der Thaya kämpfte eine Panzertruppe immer noch für das Tausendjährige Reich. Der kurze militärische Widerstand kostete hundert Rotarmisten das Leben. Sie liegen heute auf dem russischen Friedhof in Laa an der Thaya begraben. Einer von ihnen war übrigens der Großvater des Oligarchen Oleg Deripaska, der den Friedhof sanie-

Sommer in Pernhofen: Friedi und Traudi (rechts)

ren ließ und zu Ehren seines Ahnen eine Kirche errichten lassen will.

»Bevor die Russen kamen, haben sie eine Zuckerfabrik neben unserem Haus mit einer Stalin-Orgel beschossen«, erzählt die Schwester meiner Mutter. »Eine Rakete hat unseren Pferdestall getroffen. Dabei kamen der Reitknecht und viele Tiere ums Leben. Unsere Mutter war mit uns in die Weinberge gelaufen. Von dort aus sahen wir den Beschuss, und wie plötzlich der Stall gebrannt hat.«

Meine Tante erzählt das relativ unaufgeregt. Meine Mutter kann sich nun doch erinnern – wie sie damals in den Weinbergen saßen und hilflos zusehen mussten, wie ihr Haus beschossen wird. Meine Mutter hat noch heute panische Angst vor Gewittern. Ihr Gesicht versteinert, und sie versucht, sich irgendwo zu verkriechen. Jeder Donner erinnert sie an die Detonationen von damals. Auch den Deserteur Oskar Werner verfolgte die Gewitterangst seit dem Krieg: »Es war mir wie ein Bomben-

angriff, akustisch und optisch ist es dasselbe«, erzählte der weltberühmte Schauspieler.
Es gibt Dinge, die einen das ganze Leben lang verfolgen. Sich bewusst zu machen, dass sie einen verfolgen, hilft nicht. Sie verfolgen einen trotzdem.
Nach dem Beschuss kehrte meine Großmutter mit den beiden kleinen Mädchen in den Gutshof zurück. Nun kamen die Russen. »Auf Anweisung unserer Mutter haben sich alle Frauen im Haus die Gesichter mit Ruß geschwärzt, damit sie schmutzig und nicht attraktiv aussehen und vielleicht einer Vergewaltigung entgehen. Ein Soldat kam die Stiege des Hauses hochgeritten, bis ins Wohnzimmer ist er mit seinem Pferd gekommen. Das war ein Mongole«, erzählt meine Tante. »Wir Kinder sind sofort unter einem Tisch verschwunden. Uhra, Uhra, hat der Soldat immer geschrien, aber niemand hatte eine Uhr. Unsere Mutter hatte alle Wertsachen der Familie, darunter auch Teppiche, vergraben. Später hat sie das alles unversehrt wiedergefunden. Bald hat ein russischer Kommandeur das Haus requiriert und seine Soldaten einquartiert. Er hat seine Männer unter Kontrolle gehabt und sie angewiesen, die Frauen in Ruhe zu lassen. Er hat stundenlang Klavier gespielt, elegische Sachen. Ich glaube, Schumann und Chopin, ganz traurige Melodien. Wir Kinder haben uns sehr vor ihm gefürchtet, weil er uns immer geküsst hat. Unsere Köchin Stasi hat dann übersetzt, was er ihr erzählt hat. Er hatte zu Hause selbst zwei Kinder in unserem Alter. Er hatte schreckliche Sehnsucht nach ihnen.«
Was aus den Polen auf dem Dachboden geworden ist, will ich von meiner Tante wissen. Ob es noch einen der erwähnten Dankesbriefe gäbe. Sie weiß es nicht. Wieder einmal bemühe ich mein improvisiertes Archiv, krame in Dokumenten der mütterlichen Familie – und werde fündig.

In der samtenen, goldbestickten Mappe von Leo Müller finde ich tatsächlich einen solchen Brief, leider ohne Absender. Eine einfache Schrift in blassblauer Tinte, an drei Stellen unleserlich, weil ein großer Stempel der »Österreichischen Zensurstelle« die Buchstaben überdeckt: »Lieber Herr Doktor! Lange habe ich die Worte gesucht um meinen Dank und Anerkennung für Ihnen und der gnädigen Frau einen Ausdruck zu geben, aber mein Wortschatz ist sehr gering um es auch annähernd zu gelingen. Ich will Sie nicht lange stören mit meiner Schrift, Vater hat Sie ausschöpfend von unseren Umstenden informiert – aber da von Wille des Schicksals in gesteigertem Masse haben Sie mehr Gelegenheit gegen uns von Ihrem guten Herze einen Beweis geben, ich möchte Dank sagen auch im Namen derer deren Name – leider – kann schon an der Liste nicht stattfinden, indem sie auch in den letzten Tagen mit tiefer Berührung an Sie gedacht hatte. Die Reise und die allgemeinen Unannehmlichkeiten der Deportation schon entfernen sich und auch aus Pernhofen bleibt mir zwei unvergessliche Bilder in meiner Erinnerung: das Grab meiner Mutter und Ihr Person. Das eventuelle Wiedersehen wird mir zum liebsten Erlebnissen gehören. Es freut mich sehr, dass alle glücklich die schwere Zeiten überleben. Mit dem herzlichsten Gruß: Frau Susany, am 26. Juli 1946.« Zu dieser Zeit befand sich die Familie meiner Mutter wieder in Wien. Da die Müllers keine eigene Wohnung mehr hatten, fanden sie bei der befreundeten Familie Riedl Unterkunft. So nebenbei, Johann Riedl war Miteigentümer der Firma Manner & Co., die bis heute die legendären »Mannerschnitten« herstellt. Leo Müller war bereits Ende April 1945 nach Wien gefahren, um mit seinen Freunden rund um den zukünftigen Außenminister und Bundeskanzler Leopold Figl die Organisation des Nachkriegs-Österreich in die Hand zu nehmen. Am 10. Mai 1946 weist ein Identitätsausweis der Polizeidirektion Wien Herrn Dr. Leo Müller bereits als Kammeramtsdirektor aus. Als Direktor der Landwirtschaftskammern für Wien und Niederösterreich trug Leo Müller entscheidend dazu bei, dass es im Wien der Nachkriegszeit nicht zu einer schlimmen Hungersnot kam. Er sprach sowohl die Sprache der Städter als auch jene der Leute auf dem Land, und so gelang es ihm, »seine« niederösterreichischen Bauern zu überzeugen, Lebensmittel zu vernünftigen Preisen in die Hauptstadt zu liefern.

Großvater
Leo Müller

Ich suche weiter in der Dokumentenmappe und finde einen zweiten Brief an Herrn Kammeramtsdirektor Leo Müller. Am 19. Juli 1946 tippt Herr Gellért Miksa aus Vésztő (Ostungarn) folgende Zeilen: »Sehr geehrter Herr Direktor! Ich wollte Ihnen

eben schreiben, als ich Ihre geschätzten Zeilen erhielt, die mir unausgesprochene Freude bereiteten, umso mehr, da wir Ihnen – durch die uns gegenüber gehegte Anteilnahme – eine nicht mit alltäglichem Karakter begabte Persönlichkeit kennen gelernt haben.
Wörter allein sind nicht genügend dazu, um unsere Dankbarkeit und tiefe Achtung Ihnen, sehr geehrter Herr Direktor, auszudrücken. – Wir haben sowohl Sie, wie auch Ihre sehr geehrte Frau Gemahlin, ewig in unser Herz geschlossen, und wären sehr froh, dies Ihnen beweisen zu können.
Nachdem Sie sich über unsere weitere Reise erkundigt haben, teile ich Ihnen mit, dass S.S. Truppen uns von Pernhofen durch ganz Österreich geschleppt haben, doch hatten sie schon nicht mehr genügend Zeit gehabt, uns nach Deutschland zu schleppen, denn in Theresienstadt haben uns die Russischen Truppen unverhofft befreit. – Ich will jetzt nicht detailliert die vierwöchentliche ereignisvolle Reise beschreiben, Sie können sich dies ja lebhaft vorstellen.
Als ich nach Hause kam, habe ich vom Tod meines Sohnes und Schwiegersohnes Kenntnis erhalten, dies wird mir ewig Kummer bereiten und der seelische Schmerz wird mich in diesem Leben nicht mehr verlassen.
Es tat uns leid vom Bombenangriff gegen Pernhofen zu hören, bei welchem Viele zum Opfer gefallen sind. Den Angehörigen bitte unsere innigste Teilnahme aussprechen zu wollen.
Ich weiß nicht, wann sich zu einer persönlichen Aussprache Gelegenheit sich bieten wird, doch glaube und hoffe ich, dass entweder in Wien oder hier dazu Gelegenheit sich treffen wird.
Ich will hoffen, dass meine Zeilen sowohl Sie, wie auch Ihre w. Familie in bester Gesundheit antreffen und indem ich Sie wärmstens begrüsse, verbleibe ich Ihr ewig dankbarer« – dar-

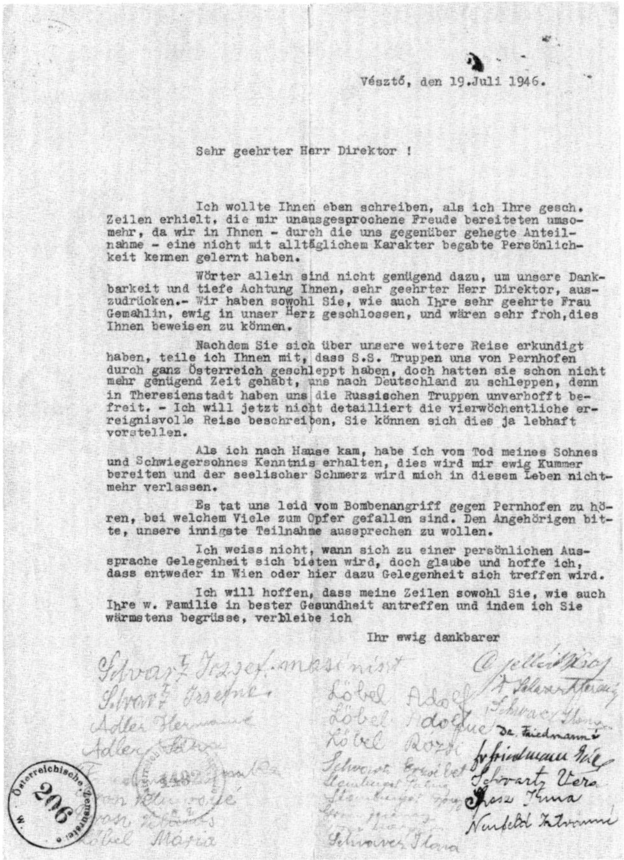

Vésztő, den 19.Juli 1946.

Sehr geehrter Herr Direktor !

Ich wollte Ihnen eben schreiben, als ich Ihre gesch. Zeilen erhielt, die mir unausgesprochene Freude bereiteten umsomehr, da wir in Ihnen - durch die uns gegenüber gehegte Anteilnahme - eine nicht mit alltäglichem Karakter begabte Persönlichkeit kennen gelernt haben.

Wörter allein sind nicht genügend dazu, um unsere Dankbarkeit und tiefe Achtung Ihnen, sehr geehrter Herr Direktor, auszudrücken.- Wir haben sowohl Sie, wie auch Ihre sehr geehrte Frau Gemahlin, ewig in unser Herz geschlossen, und wären sehr froh,dies Ihnen beweisen zu können.

Nachdem Sie sich über unsere weitere Reise erkundigt haben, teile ich Ihnen mit, dass S.S. Truppen uns von Pernhofen durch ganz Österreich geschleppt haben, doch hatten sie schon nicht mehr genügend Zeit gehabt, uns nach Deutschland zu schleppen, denn in Theresienstadt haben uns die Russischen Truppen unverhofft befreit. - Ich will jetzt nicht detailliert die vierwöchentliche ereignisvolle Reise beschreiben, Sie können sich dies ja lebhaft vorstellen.

Als ich nach Hause kam, habe ich vom Tod meines Sohnes und Schwiegersohnes Kenntnis erhalten, dies wird mir ewig Kummer bereiten und der seelischer Schmerz wird mich in diesem Leben nichtmehr verlassen.

Es tat uns leid vom Bombenangriff gegen Pernhofen zu hören, bei welchem Viele zum Opfer gefallen sind. Den Angehörigen bitte, unsere innigste Teilnahme aussprechen zu wollen.

Ich weiss nicht, wann sich zu einer persönlichen Aussprache Gelegenheit sich bieten wird, doch glaube und hoffe ich, dass entweder in Wien oder hier dazu Gelegenheit sich treffen wird.

Ich will hoffen, dass meine Zeilen sowohl Sie, wie auch Ihre w. Familie in bester Gesundheit antreffen und indem ich Sie wärmstens begrüsse, verbleibe ich

Ihr ewig dankbarer

Brief an den Großvater

unter, in blauer Tinte, handschriftlich: Gellért Miksa. Insgesamt 24 Leute haben den Brief unterzeichnet, zum Teil mit blauer, zum Teil mit schwarzer Tinte. Die Namen sind nicht immer leicht zu entziffern. Schwarz Irzsef. Schwarz Ilona. Schwarz Klara. Adler Sara. Adler Hermann. Friedmann, Vorname unleserlich. Eine ganze Familie Löbel, Maria, Adolf, Adolfine, Roszi.

In schwarzer Tinte Schwartz Vero. Dr. Friedmann. Und andere. Die Namen klingen nicht polnisch, vielmehr österreichisch-ungarisch. Die Erwähnung der Verschleppung durch die SS nach Theresienstadt macht mich stutzig. Vielleicht handelte es sich beim Verfasser des Briefes und bei den Unterzeichneten um ungarische Juden?

In der Studie »Ungarische Jüdinnen und Juden in Niederösterreich 1944/45« von Eleonore Lappin finde ich zahlreiche Hinweise darauf, dass nach der Besetzung Ungarns durch Nazi-Truppen im März 1944 ungarische Juden deportiert, in sogenannten »Todesmärschen« in die österreichischen Vernichtungslager gebracht oder als Zwangsarbeiter in landwirtschaftlichen Betrieben eingesetzt wurden. Jedenfalls, bis die Front näher kam. Danach wandte vor allem die SS immer noch gewaltige Energien und Ressourcen auf, um den Mord an den europäischen Juden zu vollenden. Während das Deutsche Reich zerfiel, schleppte man die Todgeweihten noch schnell ihrer Bestimmung zu.

In der Studie von Eleonore Lappin finde ich keine Hinweise auf Pernhofen, doch auf das benachbarte Laa: »Häufig war den Ortsbewohnern nicht bekannt, wohin die Juden verbracht wurden. So wird aus Laa/Thaya lediglich berichtet, dass von dort und von dem nahe gelegenen Gutshof Blaustauden, wo eine weitere Gruppe Feldarbeit leisten musste, über hundert Personen weggebracht wurden. Sie kamen mit dem Transport aus Niederdonau am 20. April ins Getto Theresienstadt.«

In einer E-Mail bestätigt Frau Dr. Lappin meine Vermutung: »Das von Ihnen aufgefundene Dokument ist wirklich sehr interessant und der Briefschreiber ist ebenso wie die anderen Unterzeichneten zweifellos ein jüdischer Zwangsarbeiter aus Ungarn. Allerdings, wie dem Schreiben zu entnehmen ist, wurde diese Gruppe zu Kriegsende nach Theresienstadt verschleppt. Diese Vorgangsweise war durchaus üblich. Ihr Großvater hatte die ArbeiterInnen offenbar während des Arbeitseinsatzes gut behandelt, wofür sie sich 1946 bedankten.«

Meine Großeltern, die mutigen, herzenswarmen Menschen. Meine Großeltern, die Dollfuß-Anhänger. Das passt nicht in mein Schwarzweißbild von Geschichte, aber wenn es um Menschen geht, gibt es eben nicht nur Schwarz und Weiß. Wieder erinnere ich mich daran, was meine Großmutter am Grab des österreichischen Faschisten Dollfuß zu mir gesagt hatte: »Herzi-Bub, das verstehst du noch nicht.«

2011

Ich koche und höre Radio, meine Lieblingsliteratursendung am Sonntagnachmittag. Der Moderator zitiert einen Ausspruch des Schriftstellers Richard Ford: »Das Beste, was ein Vater für seinen Sohn tun kann, ist zu sterben.«

Meine Mutter hat mir oft gesagt, ich wäre heute nicht derselbe, wenn ich im Schatten der starken Persönlichkeit meines Vaters aufgewachsen wäre. Sie hat nie gesagt, es war gut für mich, dass er gestorben ist. Gedacht vielleicht schon.

»Das Beste, was ein Vater für seinen Sohn tun kann, ist zu sterben.«

Über das Zitat diskutiere ich nach dem Abendessen mit meiner Frau. »Du kannst ja den Wahrheitsgehalt am besten überprüfen«, sagt sie, und mir kommt es schnippisch vor. Ich sage, wahr oder nicht, das sei nicht die Frage. Ich habe das einfach ein etwas zynisches Bonmot gefunden, dem ein wahrer Kern zu-

grunde liege, habe aber des Weiteren nicht vor zu sterben, nur um meinem Sohn eine Freude zu machen.
Später dachte ich darüber nach, warum ich so sperrig reagiert hatte: weil ich mich immer noch schuldig fühle am Tod meines Vaters? Leider haben Kinder die Eigenschaft, sich für ihre Eltern verantwortlich zu fühlen. Lassen sich die Eltern scheiden, haben die Kinder deshalb Schuldgefühle. Mit dem Tod eines Elternteils ist es dasselbe. Ich habe mir immer vorgeworfen, nicht gut genug auf meinen Vater aufgepasst zu haben. Als wäre ich sein Knappe, sein Leibwächter oder sein Schutzengel gewesen. Natürlich weiß ich, ich hätte gar nicht auf meinen Vater aufpassen können. Es war auch nicht meine Aufgabe, auf ihn aufzupassen. Das weiß ich alles. Ich glaube es trotzdem nicht ganz.

1944/45

Der zweite Teil des Kriegstagebuchs meines Vaters endet mit Stichworten. Schade, dass mein Vater weder seinen begonnenen »Roman« weitergeschrieben, noch das Kriegstagebuch um das Kapitel »Gefangenschaft in den USA« erweitert hat. Ich bin daher auf diese Stichworte und auf Vermutungen dazu angewiesen.

Frankreich:
Erste Station – Versager, Hiden, Hotel, die Tage im Hotel, Gefangennahme, Mairie, Louvre, Eiffelturm, Amerikaner, Chartres, 2. Lager, Saint Mère Eglise, Cherbourg.
England:
Der Kanal, Southampton, Moreton o. the March, Glasgow.

Die Stadt Cherbourg war nach den erbitterten Kämpfen im Juni 1944 in einem katastrophalen Zustand. Dennoch, der Hafen konnte genutzt werden. Sie nahmen den kürzesten Weg über den Ärmelkanal und durchquerten dann Großbritannien, um von Glasgow aus die Überfahrt nach New York anzutreten.

Amerika:
New York, Bahnfahrt, Nebraska, Ft. Robinson. Erste Eindrücke, Lebensverhältnisse.

Gerne hätte ich mehr über die ersten Eindrücke, über die Lebensverhältnisse erfahren. Und über die Reise – immerhin fast dreitausend Kilometer Richtung Westen. Fort Robinson – heute ein Museum – ist nach Lieutenant Levi Robinson benannt, der 1874 von Indianern umgebracht wurde. Im Zweiten Weltkrieg dienten die Lagergebäude zunächst als Unterkunft für Rekruten der U.S. Army, ab 1943 als Lager für Kriegsgefangene, als Außenstelle des Lagers Scottsbluff, ebenfalls in Nebraska gelegen. Im Dezember 1944 erreichte das Lager mit etwa dreitausend Gefangenen die Grenzen der Auslastung. Auf historischen Bildern sieht man eine Aneinanderreihung von flachen, barackenartigen Gebäuden in einer Wüstenlandschaft stehen. Im Sommer wird es hier sehr heiß, im Winter sehr kalt.
Meine Schwester findet in ihren Unterlagen ein paar Briefe und Postkarten des Prisoner of War »Uffz. ROB Gerd Freund«. Am 29. November 1944 schreibt der Neunzehnjährige, schon in der fliehenden und etwas nervösen Handschrift, die ich später von meinem Vater kenne: »Liebe Mutter! Hoffentlich hast du schon Post erhalten, mir geht es sehr gut. Schicke mir bitte Familienbilder, Annelies und Rollenbücher. Ja nichts Essbares. Viele,

viele Weihnachtsgrüße und Neujahrswünsche an Dich und die Kleinen von Eurem Gerhard. Schicke bitte den Uniformrock und die Schirmmützen.«

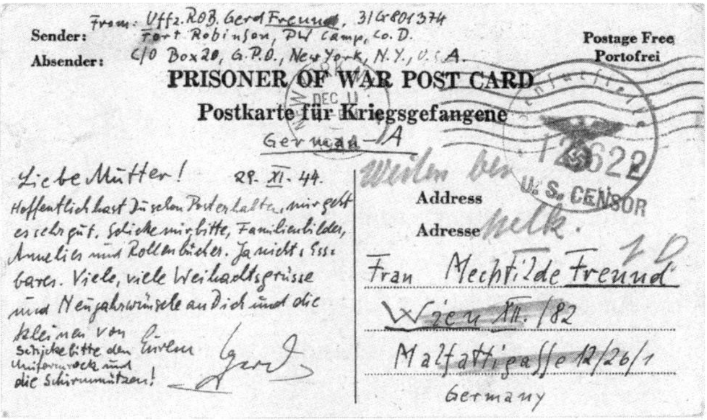

Postkarte, Weihnachten 1944

Die Postkarte, gedruckt von der Kriegsgefangenenhilfe der YMCA, zeigt einen Weihnachtsbaum, schwarz mit leuchtendem Stern. »Stille Nacht, heilige Nacht« steht daneben. Auf der Postkarte prangen sowohl der Stempel des »U.S. Censor« als auch jener der »Deutschen Dienststelle«, mit Reichsadler und Hakenkreuz. Die Karte ist an die Malfattigasse, Wien XII, Germany, adressiert, doch gab es offensichtlich einen Postumleitungsauftrag, denn die Adresse wurde auf Weiten bei Melk geändert. Konnte Gerhards Mutter hier auf dem Land, wohin sie mit ihren Mädchen vor dem Bombenkrieg geflüchtet war, die Wünsche ihres Sohnes erfüllen? Fotos von seiner Familie, von der unbekannten Annelies, Rollenbücher vom Theater? Hatte sie seinen Uniformrock dabei und warum war der überhaupt in Wien geblieben?

Die Antworten der Mutter sind nicht erhalten, die späteren Briefe aus der Gefangenschaft lassen darauf schließen, dass sie nie in den USA angekommen sind. Nur ein von ihr geschriebenes Gedicht liegt den Briefen des PW bei. In akkurater Schrift erinnern die Zeilen an ihren verstorbenen Mann:

»Durch dieses prangende Sommerland
Führtest Du einst mich mit liebreicher Hand,
Die Rosen am Wege, die nickten uns zu,
Nun liegst Du im Grabe, Geliebtester Du.«

Auch für Gerhard ist der Schmerz über den Verlust des im Februar verstorbenen Vaters lebendig. Aus Fort Robinson schreibt er am 1. Dezember 1944:
»Liebe Mutter! Sonntag war es gerade ein Jahr, als ich auf meinem ersten Kurzurlaub nach Hause kam und Vater das letztemal als gesunden Menschen antraf. Ich ging abends mutterseelenallein durch das verschneite Lager spazieren und rekonstruierte mir diese 2 Tage, wo ich meinen Vater das letztemal unter normalen Umständen sah, bis in die letzte Einzelheit. Ja, das ist alles vorbei! Diese Woche haben wir das erstemal gearbeitet, meistenteils ganz leichte Beschäftigungen. Das Wetter ist trotz Schnee sehr schön, sonnig und tagsüber recht warm. Nächste Woche bekomme ich wahrscheinlich in der Lagerschule einen Englischkurs. Wir warten alle sehnsüchtig auf Post von zu Hause. Aber das wird wohl noch lange dauern. Hast Du irgendwelche Nachricht von meinen Kameraden erhalten? Gleichzeitig mit diesem Brief geht eine zusätzliche Weihnachtskarte ab, angeblich per Luftpost. Hoffentlich kommt sie noch vor Ostern an. Wie geht es denn Dir und den Kleinen? Lernt Gudrun brav? Und was macht das kleine Idunerl? Recht viele

Grüße und Küsse an die beiden Kleinen und Dich von Eurem Gerhard.«

Am 13. Dezember landete dieser Brief laut Poststempel in New York. Der Stempel mit dem Hakenkreuz, »Dienststelle, geprüft«, gibt kein Datum an. Schade, dass mein Vater keine weiteren Worte über die beiden letzten Tage verliert, die er mit seinem Vater verbracht hat.

Bemerkenswert an dem Brief scheint mir die Sorge um die Kameraden. Sie waren ihm nicht gleichgültig. Und es war ihm wohl klar, dass sie in einem sinnlos gewordenen Abwehrkampf geopfert wurden, während er selbst sich schon wieder den schönen Künsten zuwenden durfte, wie der nächste Brief, eine Woche später verfasst, beschreibt: »Liebe Mutter! Letzten Sonntag habe ich abends meine erste Dichterlesung hier gehalten. Auf einer sehr nett und dezent arrangierten Bühne und vor gefülltem Saal (220 Personen, nur freiwillig erschienene) las ich Gedichte von Schiller und ein wunderbarer Pianist spielte Brahms, Schubert und Bach. Es war im ganzen ein schöner Erfolg zu nennen …«

Die Eitelkeit des Jungschauspielers lässt mich schmunzeln – das Publikum war freiwillig erschienen! Ob mancher angesichts von Schiller, Bach und Brahms mit Wehmut daran dachte, was aus der deutschen Kultur geworden war? Der Endkampf um das in Trümmern liegende Reich hatte begonnen. »Bei Euch soll angeblich sehr schlechtes Wetter sein«, schreibt Gerhard. Die Nachricht stimmte. Der Winter war extrem kalt und schneereich. »Ich bin jedenfalls besonders durch die letzten Ereignisse sehr in Sorge um Euch. Meine einzige Hoffnung ist, dass ihr nicht mehr in Wien seid. Recht viele herzliche Grüße …«

Was wussten die Kriegsgefangenen aus der Heimat? »Die letzten Ereignisse«, sie sind schwer zu fassen, denn Nazi-Deutsch-

land wurde von allen Seiten angegriffen. Auch aus der Luft. In Wien gab es zwar keine Flächenbombardements wie in Hamburg oder Dresden, aber allein im Jahr 1944 an sechzig Tagen und in acht Nächten Bombenalarm. Doch Mechtilde hatte sich und »die Kleinen« längst nach Weiten in Sicherheit gebracht.
Post bekam Gerhard von ihnen offensichtlich keine, denn auch knapp drei Monate später adressiert er seinen Brief noch in die Malfattigasse nach Wien. Allerdings nicht Wien, Germany, sondern German-A. »Außerdem hielt ich auch meine zweite Dichterlesung«, schreibt Gerhard Freund am 14. Februar 1945, also auf den Tag genau 22 Jahre, bevor er mein Vater werden sollte, »diesmal las ich Mörike und mein Pianist spielte Bach, Schumann, Beethoven und Mozart. Schließlich muss ich jetzt außer dem Englischkurs, den ich halte, noch für einen Abiturlehrgang Vorlesungen für Literaturgeschichte halten und Lateinstunden geben. Es mutet mich absurd an, als 19jähriger, der selbst knapp zwei Jahre der Schule entwachsen ist, hier als Pädagoge aufzutreten, aber man setzt das Vertrauen in mich und ich tue mein Möglichstes. Übrigens sehe ich, nach den Plänen, die hier angedeutet werden, schon etwas rosiger für das Schicksal meines lieben Wien im besonderen und Österreich im allgemeinen. Wie habt Ihr Vaters Todestag verbracht? Ich war näher bei Euch noch als sonst, soweit das möglich ist. Recht viele Grüße, Euer Gerhard.«
Der Stempel der Deutschen Dienststelle, zuständig für die Benachrichtigung der nächsten Angehörigen von gefallenen oder gefangenen Wehrmachtssoldaten, fehlt auf diesem Brief. Als der Brief Wien erreichte, gab es die Dienststelle vielleicht gar nicht mehr. Am 12. April 1945 wurde sie unter amerikanische Militärverwaltung gestellt. Einen Tag später meldete die Rote Armee die Befreiung von Wien.

Und dann gibt es noch eine allerletzte Postkarte, verfasst am 5. Mai 1945. In Österreich wird an diesem Tag das Konzentrationslager Mauthausen befreit. Drei Tage später ist der Zweite Weltkrieg in Europa offiziell zu Ende. Über sechzig Millionen Menschen sind ihm weltweit zum Opfer gefallen. »Liebe Mutter, mache dir bitte keine Sorgen, wenn Du irgend etwas über Verpflegungskürzungen zu hören bekommst, die hier durchgeführt werden. Es hat mich schon lange gewundert, dass wir hier Armeeverpflegung bekommen, während die Zivilbevölkerung ihre Rationen zugunsten der Hilfsaktion für Europa kürzt. Mit diesem Unfug ist es nun Schluss, zumal man Gelegenheit hatte zu sehen, womit unsere Gefangenen gefüttert wurden. Jedenfalls essen wir noch besser als die letzten 5 Jahre. Viele Grüße.«
Die Karte hat Gerhard Freund mit der Maschine geschrieben, und der Schrifttyp sieht ganz so aus wie jener, in dem er das Kriegstagebuch verfasst hatte. Ich nehme also an, dass mein Vater es in der amerikanischen Gefangenschaft geschrieben hat. Ich hätte es spannend gefunden, noch mehr über die Stimmung im Lager und die Gedanken der gefangenen Wehrmachtssoldaten zu erfahren. Aber leider bieten die letzten Seiten des Tagebuchs nur die bereits erwähnten Stichworte.

Menschen:
Nazi: Ebeling, sturer Sachse, Intelligenz, Draub, noch sturerer Ostpreuße, Schröder, Berliner, Ebergassner, sturer Österreicher. Österreichische Kameraden. Deserteur. Politische Stimmung, Amerikaner.

Nun ist es also doch gefallen, das Wort »Deserteur« – doch wen meinte mein Vater damit? Und worin bestand die politische Stimmung? In Berichten von anderen Kriegsgefangenen in den USA lese ich, dass einige der ehemaligen Wehrmachtssoldaten noch immer an einen Endsieg glaubten. Dass sie die Nazi-Feiertage zelebrierten und sich als politische Gefangene sahen. Diesen Fanatikern standen die Pragmatiker gegenüber, die von Politik die Nase voll hatten, und die genau wussten, dass sie mit der Gefangenschaft in Amerika das große Los gezogen hatten – jedenfalls für einen Soldaten der Wehrmacht gegen Ende des Zweiten Weltkriegs. Dennoch – die politisch Aktiven waren die lautere Gruppe, und bei diesen galt ein Deserteur ganz sicher als Hochverräter.

Meine Schwester hat vor Jahren einen Ordner mit Zeitungsartikeln über unseren Vater angelegt. In einer Nummer der Zeitschrift »profil« erschien im Juni 1976 ein dreiseitiges Porträt von »Festwochen-Supermann Gerhard Freund«, wie er tituliert wurde. Darin finde ich Hinweise auf die Kriegsgefangenschaft, die mein Vater im Gespräch mit dem (ungenannten) Journalisten gegeben hat: »In den Résistance-Wirren stellte er sich den US-Truppen, die ihn gleich nach Nebraska einschifften. Dort erlebte er am 9. November 1944, dem Jahrestag des Marsches zur Feldherrnhalle, ungebrochenen deutschen Geist. 30.000 Kriegsgefangene versammelten sich und krächzten Deutschland- und Horst-Wessel-Lied vor der gebirgigen Wildwestkulisse. Freund selbst wurde in ein Umerziehungslager gesteckt, diente als Dolmetscher und redigierte Lagerzeitungen. Als er 1946 mit dem amtlichen Bescheid ›demokratisch geschult‹ nach Österreich zurückkehrte, ging er wieder auf die Schauspielschule.«

Kunst:
Erste Dichterlesung, Schwierigkeiten, Konkurrenz: Sprang, Jochens, Rudi. Artisten Schwind Robby Dey.

Bereits in der Gefangenschaft begann mein Vater an seinem Traum, Schauspieler zu werden, zu arbeiten. Ob die »Konkurrenz« das Deklamieren von Gedichten betraf?

Politik:
Dt. Mayer, Untergrundbewegung, Franz Pregetter, Krump u. Krapitek, Göttlicher, deutsche Kameraden: Brennicke, Ostermann. Silverman Duell, Thompson, Tenhagen.

Scottsbluff
Colonel Dempster, Lt. Dude, Stimmung gegen Scheinwerfer, äußerer Zusammenhalt innerer Zwiespalt, the selfish Giant. Umschwung Kunstvorträge, Dichterlesung, Gerüchte über Heimkehr, Konspiratoren. Heimkehr.

Scottsbluff, ebenfalls in einer wüstenartigen Landschaft gelegen, stellte das Hauptlager in Nebraska dar. Die Prisoners of War arbeiteten bei Farmern in der Gegend. Nach der Genfer Konvention wurden sie für die Arbeit bezahlt. Von den fast 400 000 Gefangenen der Wehrmacht, die sich in den USA über zahlreiche Lager verteilt befanden, versuchten nur etwa tausend zu flüchten – und die kehrten fast ausnahmslos freiwillig zurück. Das Leben draußen war schwieriger als jenes im Lager, und die Heimat war einige Zugtage und Schiffswochen entfernt.

Carson, Colorado
Siegfried Tapal, Siegfried Böhm, Fleischhacker

Camp Carson in Colorado ist heute noch eine der größten »Kasernen« der USA, eigentlich eine Art Armeestadt. 1944/45 waren neuntausend deutsche Gefangene hier untergebracht. Über Siegfried Tapal und Böhm weiß ich ebenso wenig wie über den Grund der Verlegung nach Colorado, einen Nachbarstaat von Nebraska.

Eustis, Virginia

Offensichtlich ging es nun schon Richtung Heimat. Auch in Fort Eustis in Newport News, Virginia, an der Ostküste der USA befinden sich nach wie vor ein Ausbildungslager sowie eine Flug- und Logistikschule der U.S. Army.
Von hier aus war es dann nicht mehr weit nach New York. Na ja, nicht mehr weit für amerikanische Verhältnisse, nur noch 700 Kilometer. Und dann:

New York, Le Havre, Bolbec, Aibling, Wegscheid
Linz. Wendepunkt.
Wien

Warum auf der weiten Reise zwischen Le Havre und Wien gerade die kleinen Orte Bolbec in der Normandie, Bad Aibling bei Rosenheim und Wegscheid bei Passau erwähnt werden, bleibt rätselhaft.
Ich lese nach, dass die USA ab Mitte Mai 1945 mit der Entlassung von Kriegsgefangenen begannen. Gerhard Freund hatte das Glück, nicht – wie Hunderttausende andere – als Arbeits-

kraft oder Minenräumer an Frankreich, Belgien oder Polen übergeben zu werden.
In meinen Schuhkartons finde ich zwei vergilbte Papiere, die mein Vater in seine Heimat mitgenommen hat. Das erste sieht offiziell aus, und es bestätigt, dass P.W. Freund Gerhard 31G-801374 als »instructor in the Prisoner of War-School, Prisoner of War Camp, Fort Robinson, Nebraska, USA« insgesamt 192 Stunden in Englisch gegeben hat, 32 in Latein, 40 Englische Konversationsstunden geleitet und insgesamt 16 Stunden »Lectures of arts« gehalten hat, Zusatz: »In course of denazification program as ordered by Intelligence Service.«
Daneben finde ich noch einen persönlichen Brief, der die Wandlung meines Vaters vom fröhlichen Hitlerjungen zum überzeugten Nazi-Gegner dokumentiert. Jason R. Silverman, Captain der Infanterie und Assistent in den Headquarters des Prisoner of War Camp, schreibt am 29. September 1945: »To whom it may concern: I have known PoW Sgt. Freund Gerhard for 10 months while serving in the capacity of Ass. Exec. Officer at this camp, charged with the mission of re-orientation and denazification of German Prisoners of War.
Sgt. Freund has proven a conscientious assistant to me in my work and early evidenced himself as a sincere antinazi, even to the prejudice of his personal safety.
He was helpful in screening PoWs in order to remove trouble-makers from the camp and diligently served during said period as translator and teacher of English in providing an influence for democratic teachings and advice to all PoWs.
He was instrumental in organizing a small group of men like himself calling themselves the working group toward political enlightenment and together with them, by pamphlets, letter, classroom, lecture-platform and camp-newspaper expounded

the tenets of democracy as the only true and real way of life for the Austrians in the future.
It is by reason of the foregoing and my observations of him that I deem him honest, reliable, sincere, industrious and intelligent and do not hesitate to recommend him for any position for which he may be qualified.«
Ob ihm dieses Schreiben später geholfen hat? Ich weiß es nicht. Ich wundere mich, dass er in dem Brief als Sgt., also Sergeant angesprochen wird – das entspricht dem Rang eines Unteroffiziers. Wahrscheinlich war damit seine ehemalige Stellung in der Wehrmacht gemeint. Offensichtlich war es auch für ihn nicht ganz ungefährlich, die Nazi-Ideologie offen abzulehnen, darauf deutet »even to the prejudice of his personal safety« hin. Die in dem Brief erwähnten »troublemaker«, oft Angehörige der SS oder anderer besonders fanatischer Einheiten, wurden von den zuständigen Militärbehörden in andere, strenger geführte Lager gebracht.
Das »Certificate of Discharge«, der Entlassungsschein, führt Gerhard Freund ohne Dienstgrad, nur mit seiner Kriegsgefangenennummer. Unterschrieben ist der Schein von Carlyle P. Woelfer, Captain des 222. Infanterieregiments der U.S. Army, ausgestellt am 30.3.1946 in Linz. Anbei ein Zettel, der die Absolvierung des Spezialprogramms für Kriegsgefangene in Fort Eustis, Virginia bestätigt: »Possible assistance for the occupation forces in the administration of Germany.«
Wenige Tage später kehrte Gerhard Freund über die »Bahnhofsleitstelle der OÖ Landeshauptmannschaft« nach Wien zurück. Was mag sich der abgemagerte, aber unverletzte und gesunde junge Mann gedacht haben, als er auf einer Holzbank in seinem Eisenbahnabteil saß und die knapp zweihundert Kilometer zwischen Linz und Wien zurücklegte? Als er im Donautal aus

dem Fenster blickte, dort, wo der Weg nach Weiten hinaufführt, wo er als Kind unbeschwerte Ferientage mit seiner Familie verbracht hatte? Wie mag sein Herz gepocht haben, als er die Wiener Vororte passierte, all die Bombenruinen und die Trümmer sah? Auf welche Freunde oder Freundinnen freute er sich? Wer von ihnen war noch am Leben?
Gerhard Freund fand eine andere Stadt vor als jene, die er als Achtzehnjähriger knapp zwei Jahre zuvor verlassen hatte, um in den Krieg zu ziehen. Sein Vater war tot, lag begraben am Hietzinger Friedhof. Würden seine kleinen Schwestern, die dem Kleinkindalter entwachsen waren, ihn noch erkennen? Als er an der Tür zu der winzigen Wohnung in der Malfattigasse klopfte, öffnete ihm eine grauhaarige Frau. Seine Mutter war alt geworden, mit erst 45 Jahren. Endlich konnte diese mutige Frau, die in schlimmsten Zeiten lernen musste, alle Entscheidungen allein zu treffen, ihren geliebten Sohn in die Arme schließen.
Es war eine bitterarme Zeit. Und dennoch herrschte ein gewisser Optimismus, denn die noch schlimmere Zeit war nun vorbei. Familie Freund ernährte sich von dem, was man auftreiben oder tauschen konnte. Immerhin, der Großvater wurde als Opfer des Nazi-Regimes anerkannt: »Im Zuge der Wiedergutmachung wurde Ihrem verstorbenen Gatten gemäß dem Gesetz zur Wiederherstellung des österreichischen Beamtentums die Zeit vom 1.1.1939 bis 3.2.1944 in die ruhegehaltfähige Dienstzeit angerechnet.«
In Wien gab es außer einem neuen Beamtengesetz vier Besatzungszonen, unzählige Schwarzhändler und wenig zu essen. Heizmaterial blieb Mangelware, die meisten Fensterscheiben waren von den Bombenangriffen noch zerstört. In seiner Ansprache zu Weihnachten 1945 hatte Bundeskanzler Figl gesagt: »Ich kann euch zu Weihnachten nichts geben, ich kann euch für

den Christbaum, wenn ihr überhaupt einen habt, keine Kerzen geben, kein Stück Brot, keine Kohle zum Heizen, kein Glas zum Einschneiden. Wir haben nichts. Ich kann euch nur bitten, glaubt an dieses Österreich!«

Als die Zeiten der Not vorüber waren: (von links) Bundeskanzler Julius Raab, Tante Friedi, Außenminister Leopold Figl (»Onkel Poldi« genannt), Großmutter Hilde, meine Mutter

1946–1979

Der Rest ist schnell erzählt, es sei denn, man wollte ein weiteres Buch daraus machen. Bereits im Schuljahr 1945/46 ist Gerhard Freund am Horak-Konservatorium für Musik, Tanz und dramatische Kunst gemeldet, Hauptfach: Schauspiel. Sein Lehrer: Burgschauspieler Julius Karsten. Am 17. Juni legt er vor einer Gewerkschaftskommission seine »Reifeprüfung für den Bühnenberuf« ab.

Eine Vereinbarung vom 14. Juli 1946 verpflichtet Herrn Gerhard Freund bereits, bei den in Grünbach am Schneeberg stattfindenden Vorstellungen von »Der verkaufte Großvater« mitzuspielen. Rolle: der junge Kreithofer. Honorar: hundert Schilling für drei Vorstellungen einschließlich Proben. Es folgt ein Engagement an das renommierte Stadttheater von Baden bei Wien. Die Kritiker loben die Neuentdeckung der Saison in den höchsten Tönen. In Baden spielt Gerhard Freund alle Rollen, die sich ein junger Schauspieler wünschen kann, vom Ferdinand aus »Kabale und Liebe« bis zum »Hamlet«.

Gerhard Freund als Major Ferdinand in Schillers »Kabale und Liebe«. Die Badener Zeitung notierte: »Er besitzt die Jugend und die Glaubhaftigkeit der Erscheinung, er hat Temperament, er spricht mit Wärme und Empfindung.«

Als das Engagement in Baden im Sommer 1947 endete und der »jugendliche Held« kein anderes bekam, arbeitete er für den Gewerkschaftsbund. Mit einem Motorrad fuhr er durch ganz Niederösterreich und kontrollierte, ob die Lehrlinge in den Betrieben gut behandelt wurden. Man kann sich vorstellen, dass der Funktionär aus der Hauptstadt von den Chefs der kontrollierten Betriebe nicht übermäßig freundlich empfangen wurde.

Später gestaltete Gerhard Freund Radiosendungen des ÖGB. Ich habe das Manuskript eines Vortrags, den mein Vater am 19. Juni 1947 im Rundfunk hielt. Der Titel lautet »Die letzte Chance«. Es geht darin um das Verhindern von Kriegen in der Zukunft: »Hat nicht Hitler ein nicht informiertes Volk zu täuschen vermocht und sich dann noch gebrüstet, er sei auf demokratischem Weg zur Macht gelangt? Der wirkliche Garant der Demokratie heißt politische Erziehung. Die Redefreiheit ist unnütz für den Menschen, der nichts zu sagen hat.«

Gerhard Freund hatte etwas zu sagen. Er engagierte sich politisch, wurde in den Stadtrat und später zum Vizebürgermeister der Stadt Baden gewählt, machte einen Fernsehlehrgang bei der BBC, war seit 1955 beim Aufbau des Fernsehens in Österreich dabei und ab 1957 erster Fernsehdirektor des österreichischen Rundfunks.

Warum Gerhard Freund als 32-jähriger, journalistisch kaum erfahrener und politisch leichtgewichtiger Sozialdemokrat diesen heute so wichtigen Posten bekommen konnte, ist mir ziemlich rätselhaft. Er hatte sich wohl durch Fleiß, gute Ideen und seine bereits erwähnten Führungsqualitäten empfohlen. Hinzu kam, dass die regierende konservative Volkspartei das »Manderlradio«, wie Bundeskanzler Raab das Fernsehen nannte, nicht

Gerhard Freund, Nikita Chruschtschow, Wien 1961. Rechts im Bild vermutlich der Dolmetscher. Ich nehme an, dass mein Vater dem Ministerpräsidenten der UdSSR nicht die Tür gewiesen hat.

ernst nahm. Mein Vater hat in seiner Autobiografie »Fernsehen, nah gesehen« über die »Erlebnisse und Erfahrungen eines Fernsehdirektors« (so der Untertitel) den Bundeskanzler so zitiert: »Einem on dit zufolge habe ich auch Kanzler Raab diesen Posten zu verdanken. Er soll in einer entscheidenden Sitzung seiner Partei, als die Marschrichtung für die Rundfunkverhandlungen festgelegt wurde, gesagt haben: ›Wer wird sich scho' an Fernsehapparat kaufen!‹«

Gerhard Freund betrachtete das Fernsehen vor allem als künstlerisches Medium, als Instrument der politischen Bildung und der Aufklärung. Wenn man sieht, was heute daraus geworden ist, hat man Schwierigkeiten, sich diesen idealistischen Ansatz vorzustellen. Neben vielen Live-Produktionen von Theaterstücken mit den allerersten Schauspielern des deutschen Sprach-

Fernsehdirektor Gerhard Freund im Kreis seiner Sprecherinnen

raums gehörte es zu den historischen Verdiensten meines Vaters, »Der Herr Karl« produziert zu haben, jenen Monolog von Carl Merz und Helmut Qualtinger, in dem Qualtinger als typischer österreichischer Mitläufer die Wiener Gemütlichkeit als grausame Herzenskälte demaskiert. In einem Land, das sich damals – 1961 – noch in der Illusion suhlte, das erste Opfer des Nationalsozialismus gewesen zu sein, wurde plötzlich der Durchschnittsbürger als Mittäter dargestellt. Die Banalität des Bösen auf Wienerisch. Die Ausstrahlung dieses bis heute atemberaubenden Kunstwerks hätte meinen Vater fast den Job gekostet, so groß war die Empörung.

Gerhard Freund blieb bis zum Jahr meiner Geburt, 1967, Fernsehdirektor. In einer großen politischen Aktion samt Volksbegehren wurde er abgesetzt, das Proporzsystem bei der Besetzung von Rundfunkposten abgeschafft. Wie jeder weiß, werden Posten beim ORF seither nur nach objektiven fachlichen und nicht mehr nach politischen Gesichtspunkten vergeben …

Wir übersiedelten nach München, wo mein Vater eine Filmproduktionsfirma leitete, während ich mit meiner Mutter im Englischen Garten spazieren ging. Die »Intertel« produzierte unter anderem die legendäre Joseph-Roth-Verfilmung »Das falsche Gewicht«, mit Helmut Qualtinger in der Hauptrolle des Eichmeisters, in der Regie von Bernhard Wicki. Durch den Dauerstreit der ebenso allüren- wie mimosenhaften Stars Qualtinger und Wicki im Dauerregen der ungarischen Tiefebene sowie durch den Dauerkonsum von Schnaps drohte das Projekt zu einem Desaster zu werden. Die »Intertel« stand am Rande der Pleite. Mein Vater, der auch verletzlich und jähzornig sein konnte, musste in der undankbaren Rolle des Diplomaten und Vermittlers das Schlimmste verhindern. Das Drehbuch stammte von Fritz Hochwälder, dem damals weltbekannten Dramatiker, dessen Stücke ihrer Wiederentdeckung harren. Fritz Hochwälder war mein Taufpate, worauf ich stolz bin. Noch heute halten die Akten der Reformierten Stadtkirche in Wien fest, dass er im Taufregister als Konfession »Schriftsteller« angegeben hatte.

Merkwürdigerweise überlegte mein Vater nie die Verfilmung eines Deserteur-Stoffes. Der erstaunliche Roman »Fasching« von Gerhard Fritsch über einen Deserteur in Frauenkleidern, der ein ganzes Dorf rettet, hätte sich angeboten. Auch weiß ich nicht, ob er mit anderen berühmten Deserteuren des Landes über seine Erfahrungen gesprochen hat. Etwa mit dem Komponisten Friedrich Cerha, dem Dichter H.C. Artmann, den Schauspielern Oskar Werner und Dietmar Schönherr oder dem

Schriftsteller Bertrand Alfred Egger, der auch für das Fernsehen schrieb. Egger war fast gleich alt wie mein Vater, ihre militärischen »Karrieren« glichen einander: eingezogen 1943, 1944 in Frankreich desertiert, nach dem Krieg Dolmetscher für die Amerikaner.

Ich finde einige Briefe, die mein Vater erhalten hat, als wir in München lebten. Ich staune, wie bekannt er damals war, mit welchen Persönlichkeiten er in Kontakt stand. Es fasziniert mich, handgeschriebene Briefe von Gottfried von Einem, Maximilian Schell, Kardinal König, Oskar Werner, Leonard Bernstein, Bruno Kreisky zu lesen. Mit dem legendären Bundeskanzler war er per Du. »Der Bundeskanzler ist für alle da«, erklärte mir mein Vater einmal, »er steht wie jeder normale Mensch im Telefonbuch und jeder Bürger kann ihn anrufen.«

1974 kehrten wir nach Wien zurück. Wenig später habe ich Bruno Kreisky natürlich angerufen. Seine Nummer stand tatsächlich im Telefonbuch. Er hob ab, brummte in unverkennbarem Grummel-Bass »Ja?«, und ich legte mit rasendem Herzen auf.

Mein Vater wurde Direktor der Wiener Stadthalle. Meine Schwester und ich saßen oft in der Ehrenloge dieser überdimensionierten Veranstaltungshalle und genossen es, uns wichtig zu fühlen. Wir sahen »Holiday on Ice«, »Winnetou« (mit Pierre Brice!), Opernproduktionen oder Musicalgastspiele. 1978 erhielt Gerhard Freund die im Wiener Kulturbetrieb wichtige Stelle des Intendanten der Wiener Festwochen. Das wäre er wohl noch eine Zeit geblieben. Auch als Kulturstadtrat handelte ihn die Wiener Gerüchtebörse immer wieder. Doch dann platzte die Ader in seinem Kopf.

An einem heißen Tag im Juni 1979 trugen wir ihn zu Grabe.

Es waren nur meine Mutter und ihre Schwester, meine Großmutter, Gerhards Schwestern Iduna und Gudrun mit ihren Männern sowie meine achtjährige Schwester und ich anwesend. Ich lebte monatelang wie hinter Glas, aber es ging mir nicht schlecht dabei.

2011

Ich schließe meine Schuhkartons. Schwarzweißfotos verschwinden darin, von Staub bedeckt, Bilder von jungen, hoffnungsfrohen Menschen. Die meisten dieser Menschen sind tot. Ich räume vergilbte Briefe weg, Briefe, die von Verzweiflung, aber auch von Freude und Dankbarkeit künden. Ich verstaue Dokumente, österreichische, amerikanische, französische, und all die mit dem Hakenkreuz. Erinnerungsstücke, eine Postkarte mit dem Eiffelturm, das Holzpferd meines Vaters, ein vierblättriges Kleeblatt, als solches nur noch schwer zu erkennen, eine Locke, auf welchem Kopf mag sie gewachsen sein? Eine Zeile von Mascha Kaléko kommt mir in den Sinn: »Die Zeit steht still. Wir sind es, die vergehen.«
Ich kaufe in dem kleinen Geschäft, nur ein paar hundert Meter von unserem Haus entfernt, für das Mittagessen ein und treffe eine alte Bekannte wieder. Sie fragt mich, woran ich gerade arbeite. Sie nickt interessiert, als ich antworte. Dann meint sie: »Andererseits. Ich weiß nicht … schon wieder ein Buch zu diesem Thema.«
Natürlich habe ich mich selbst auch schon gefragt, warum ich ein Buch zu »diesem« Thema schreibe. Ich bin einerseits Anhänger der Erinnerungskultur. Wenn heute Politiker pauschal auf Ausländer losgehen, wenn Nationalisten (egal ob in Ungarn, in Frankreich, in Österreich oder in Deutschland) laut zu

werden beginnen, sollte man die historischen Beispiele parat haben, wohin Gewalt mit Worten führt. Andererseits finde ich, auch das Vergessen kann ganz heilsam sein. Es erhöht die Lebensqualität ungemein, Nietzsche lesen, Bruckner hören oder an einem Lagerfeuer sitzen zu können, ohne an Adolf Hitler zu denken.

An der Kasse des Geschäfts entspinnt sich eine Diskussion. Ein junger Mann murmelt prophetisch, so werde es sicher nicht weitergehen, mit der Umwelt, dem Euro und der Wirtschaft. Und überhaupt. Eine Frau erzählt, sie habe gerade ihre Lebensversicherungen aufgelöst und ein Grundstück gekauft. Andere stimmen ein, sie hätten ihr Erspartes in Gold angelegt. Ein Mann will seine Ersparnisse in den Bau eines Hausbrunnens, Solar-Energie und die Wärmedämmung seines Hauses stecken. Einer redet vom Bürgerkrieg, der kommen wird, wenn es nur noch Superreiche und Arme gibt. Ich sage, diesen Krieg gebe es. Nur in anderen Ländern. Wir haben ihn ausgelagert.

Seit ich mich auf die Spuren meines Vaters begeben habe, seit ich mir so richtig bewusst geworden bin, um welchen Preis unsere Freiheit erkauft wurde, macht mich die Art und Weise, wie wir mit dieser Freiheit umgehen, noch wütender. Mich erzürnen Sozialdemokraten, für die das Wort »Internationale« allenfalls mit historischem Liedgut zu tun hat. Mich ärgern Christlich-Konservative, die weder christlich sind, noch den Willen haben, das Erhaltenswerte zu konservieren. Wozu hält man sich Staaten, wenn die sich für nicht zuständig erklären und vorgeben, machtlos zu sein gegen die Auswüchse der Gier?

Wohlstand und Frieden des gesamten Kontinents beruhten auf sozialem und wirtschaftlichem Ausgleich. Wirtschaft und Staat hielten die Balance. Jetzt, im Zeitalter der »marktkonformen Demokratie«, gehen wir am Abend mit Nachrichten von den

Börsenkursen schlafen und in der Früh stehen wir damit auf. Das Diktat der sogenannten Märkte wäre »alternativlos«, hören wir so oft, dass wir es am Ende schon selbst fast glauben. Dabei wissen alle: Es kann kein grenzenloses Wachstum geben. Der Crash ist eine Frage der Zeit. Und jeder Crash eines Systems zieht einen Krieg nach sich. Jedenfalls war es bis jetzt immer so.

Wir sind so wahnsinnig gut darin, das Verhalten der Menschen »damals« mit unseren moralischen Kriterien von heute zu beurteilen. Und natürlich aus der Sicherheit von heute. Mutig ist das nicht gerade. Es bringt auch nicht viel, weil das moralische Urteil dem Versuch zu verstehen im Wege steht. Das ist kein moralischer Relativismus. Wir sind uns wohl mehrheitlich darin einig, dass das Dritte Reich nicht gut war. Diejenigen, die anderer Meinung sind, werden aussterben oder, wenn sie jung sind, nicht auf unsere Argumente hören. Vielleicht aber sind sie zu erreichen, wenn sie die Geschichte ihres Großvaters hören oder ihrer Großmutter oder vielleicht der Urgroßeltern. »Indem das Wissen über das Dritte Reich wächst, rückt die damalige Lebenswelt in immer weitere Ferne; je mehr wir über das Dritte Reich wissen, desto weniger wissen wir darüber, wie damals gelebt und erlebt und was gedacht und gefühlt wurde.« (Bernhard Schlink)

Die Frage »Wie hätte ich mich damals verhalten?« führt direkt zu der für uns viel wichtigeren Frage: Wie verhalte ich mich heute? Bis wohin mache ich mit, wann ist die Grenze erreicht? Verweigere ich mich dem System? Muss ich Widerstand leisten? Ist es alternativlos, dass wir aus Getreide Treibstoff und aus unseren Feldern Pestizidhalden machen? Ist es alternativlos, dass wir die Fische bis zur Ausrottung aus den Meeren holen und im Gegenzug unseren Plastikmüll hineinwerfen? Ist es alternativlos, dass alle fünf Sekunden ein Kind verhungert? Alle fünf Sekunden ein Kind.

Ah, wir haben das alles nicht gewusst? Wir konnten nichts dagegen tun? Müssen uns diese Sätze nicht allzu bekannt vorkommen? Sollten wir unsere Selbstgerechtigkeit nicht ein wenig überdenken?

»Wir schlafen alle«, sagt der ältere Herr und geht mit seinem Liter Milch nach Hause.

Immer noch bin ich meiner Bekannten die Antwort auf ihre Frage schuldig. Die Frage, warum ich ein Buch zu »diesem« Thema schreibe. Sie lautet: Ich schreibe kein Buch über den Nationalsozialismus, sondern ein Buch über meine Familie, besonders über meinen Vater.

Warum ich das tue? Um meine Familie kennenzulernen. Um mich selbst besser zu verstehen. Ich glaube, die Generationen der Kinder und der Enkelkinder sind die ersten, denen bewusst ist, dass der Nationalsozialismus in Deutschland und in Österreich zu jeder Familiengeschichte gehört. Die Väter und Großväter waren im Krieg. Die, die zurückkamen, waren entweder richtig psychisch krank. Oder sie wurden zu Schweigern. Zu Alkoholikern und Kettenrauchern. Viele neigten zu plötzlichem Jähzorn, den sie sich selbst nicht erklären konnten. Ein Grund für diese Wut lag darin, dass die Kriegsgeneration gelernt hatte, keine Emotionen zu zeigen. Nicht klagen. Nicht weinen. Augen zu und durch!

So geht mit der Zeit der Kontakt zur Gefühlswelt verloren.

Das galt natürlich auch für die Frauen in den bombardierten Städten, und besonders für die Kinder. Die Kriegskinder erlebten Tod und Zerstörung. Sie wuchsen mit der Selbstverständlichkeit auf, dass ihr Leben täglich bedroht war. Sie waren nicht wichtig. Von ihren Müttern hatten sie wenig Trost zu erwarten, denn die mussten funktionieren. Sich zusammenreißen. Die Kriegskinder mussten gehorchen, das wurde oft zur Überlebensfrage. Sie durften keine Schwierigkeiten machen, denn die Großen hatten ohnehin schon genügend Kummer. Dass auch die Kleinen Kummer hatten, durfte keine Rolle spielen. Wenn man bedenkt, wie lange Kinderseelen sich mit einem toten Vogel am Straßenrand beschäftigen, wird es ganz erstaunlich, dass die Leiden einer ganzen Kindergeneration, die mit Tod und Zerstörung konfrontiert war, einfach übersehen wurden. Die Journalistin Sabine Bode hat viele dieser Schicksale in ihrem berührenden Buch »Die vergessene Generation« aufgezeichnet.

Nach dem Krieg verdrängten die Kriegskinder ihre oft schrecklichen Erfahrungen: Das haben wir alle erlebt, hieß es dann. Das Bewusstsein von der deutschen und österreichischen Schuld und die Scham darüber taten ein Übriges, den eigenen seelischen Schmerz als Tabu anzusehen. Viele von ihnen konnten auch später die Welt nicht als sicheren Ort sehen, geschweige denn ein Gefühl von Verbundenheit und Geborgenheit an ihre Kinder weitergeben.

Wir Kinder der Kriegskinder sind die Ersten, die nicht direkt durch den Krieg traumatisiert wurden. Unsere Eltern oder Großeltern haben viel Schreckliches verdrängt, mit Wiederaufbau und Wirtschaftswunder übertönt, doch sie sind alle im Krieg hängengeblieben. Natürlich mit unterschiedlicher Intensität. Sie wollten untereinander nicht über das Erlebte sprechen, und mit ihren Kindern auch nicht. Darum kommt von ihnen – seit Jahrzehnten! – der Ruf nach dem Schlussstrich. Sie wollen von der Vergangenheit endlich nicht mehr behelligt werden. Doch wir Kinder und Enkelkinder und Urenkelkinder sind neugierig. Wir wollen verstehen. Wir stellen Fragen. Wir spüren, dass sich traumatische Erlebnisse auf die nächsten Generationen übertragen können. Wir ahnen, dass die Wunden der Vergangenheit nicht verheilen können, solange die Trauer niemals zugelassen wurde.

Deshalb glaube ich, dass die Auseinandersetzung mit der Nazi-Zeit jetzt erst richtig beginnt.

Aus Sehnsucht nach Erinnerung habe ich mich auf diese Reise in die Vergangenheit begeben.

Ich habe keine oder fast keine Erinnerungen an die Zeit, bevor ich zwölf Jahre alt war, also an die Zeit vor dem Tod meines Vaters. Die wenigen inneren Bilder, die ich abrufen kann, sind meist keine eigenen. Sie sind zusammengesetzt aus Fotos, die ich gesehen, und aus Erzählungen, die ich gehört habe. Dazwischen funkeln die Erinnerungs-Originale. Sie sind mit Gefühlen verbunden. Daran erkenne ich sie.

Mein Vater hatte gleich wenig Zeit wie alle anderen Väter damals. Wenn er Zeit hatte, unternahm er liebend gerne etwas mit uns Kindern. An solche Ausflüge kann ich mich erinnern. Dass wir im Auto saßen, einem weißen Mercedes mit der Nummer W 494 (das weiß ich noch!), Schubert-Lieder hörten, die ich heute noch liebe. Dass wir in der Pielach einen Hecht fingen und uns nach der geglückten Landung des Fisches am Ufer des Flusses in den Armen lagen. An das Fußballspielen im Garten – er schoss, ich gab den Torwart zwischen Kirsch- und Marillenbaum. Diese wenigen Erinnerungen an die Zeit vor 1979 gelten exklusiv meinem Vater. Meine Schwester und meine Mutter kommen darin nicht vor.

Meine Mutter wollte nicht, dass wir um unseren Vater trauern. Das war sicher nicht böse von ihr gemeint, sondern entsprang ihrer wenig reflektierten Art, mit der eigenen Trauer umzugehen. Alles sollte so weitergehen, wie es war. Ich wollte am Tag

nach seinem Tod mit schwarzer Kleidung in die Schule gehen, sie hat es mir verboten. Übrigens ging alles weiter, wie es war, und das rechne ich meiner Mutter heute hoch an.
Ich weiß aber, dass ich die Trauer lange mit mir trug, vielleicht immer noch trage, und dass ich bis heute nicht weinen kann.

Familienstellen. Schlussbild

Ich stelle mich ein wenig an den Rand, das ist entspannter. Barbara, bleib bitte neben mir. Jakob und Hannah sind vor uns. Die Eltern meiner Frau und all die Brüder auf ihrer Seite. Die Groß- und Urgroßeltern. Die Kinder und Urenkelkinder. Sie bewegen sich schnell, sie sind sehr lebendig. Natalie ist immer in meinem Blickfeld. Hinter den Kindern meiner Schwester Franz-Olivier. Frederick, der amerikanische Soldat, und seine deutschen Vorfahren. Mabé aus der Normandie und ihr Vater, der Veteran aus Verdun. Gerhard und Traudl. Hinter meinem Vater stehen Maximilian, der Lehrer, und Mechtilde, von der ich nur ein Gesicht kenne und Gedichte. Schwirrend Tante Duni und Onkel Peter, und ganz woanders Tante Gudrun, der Schalk. Und neben meiner Mutter ihre Schwester Frieda. Ihre Eltern Hilde und Leo auf ihrer Seite, und Anna, die schöne Postmeisterstochter, ihr Vater und ihre Brüder und ihre Tanten und Großeltern, es ist nicht genügend Platz auf der Bühne, manche gehen und viele kommen, wo beginnt eine Familie und wo hört sie auf?
Es gibt nicht diese Seite und nicht jene, alles wächst zusammen und bleibt doch in Bewegung. Ruht nun in Frieden! Die Liebe verbindet uns.

Literatur

Um der Lesbarkeit willen habe ich auf Fußnoten verzichtet, außerdem im Kriegstagebuch meines Vaters einige wenige orthografische Korrekturen vorgenommen. Ich habe während meiner Arbeit an diesem Werk viele Bücher gelesen, Filme gesehen, Radiosendungen gehört, Telefongespräche geführt, E-Mails geschrieben. Meine Neugierde wurde jeden Tag größer statt kleiner, und sie ist nach wie vor nicht befriedigt.
Im Folgenden gebe ich meine wichtigsten Quellen an.

Amann, Klaus: Flucht vor den Fahnen. Wehrmacht, Krieg und Desertion in der österreichischen Literatur. Vortrag, Wien, Literaturhaus, 9. Oktober 2009

Andersch, Alfred: Die Kirschen der Freiheit. Ein Bericht. München 1962

Arnold, Fritz: Freundschaft in Jahren der Feindschaft. München 1998

Baumann, Ulrich; Koch, Magnus; Stiftung Denkmal für die ermordeten Juden Europas (Hg.): »Was damals Recht war …« Soldaten und Zivilisten vor Gerichten der Wehrmacht. Berlin 2008

Beevor, Antony: D-Day. Die Schlacht um die Normandie. München 2010

Bode, Sabine: Die vergessene Generation. Die Kriegskinder brechen ihr Schweigen. Stuttgart 2013

Bruhns, Wibke: Meines Vaters Land. Geschichte einer deutschen Familie. Berlin 2005

Deggerich, Markus: Ein deutscher Held. Einestages, Spiegel online, 13. Dezember 2011

Einstein, Albert; Freud, Sigmund: Warum Krieg? Ein Briefwechsel. Zürich 1996

Exenberger, Herbert; Riedel, Heinz: Militärschießplatz Kagran. Mit einem Vorwort von Walter Manoschek und einem Beitrag von Maria Fritsche. Wien 2003

Freund, Gerhard: Kriegstagebuch. Typoskript, Schreibmaschine, o. O., o. J.

Freund, Gerhard: Fernsehen, nah gesehen. Erlebnisse und Erfahrungen eines Fernsehdirektors. Wien 1961

Geldmacher, Thomas; Koch, Magnus; Metzler, Hannes; Pirker, Peter; Rettl, Lisa (Hg.): »Da machen wir nicht mehr mit …« Österreichische Soldaten und Zivilisten vor Gerichten der Wehrmacht. Wien 2010

Giesbert, Franz-Olivier: L'Américain, Paris 2004 (Übersetzung der Zitate: René Freund)

Giesbert, Jean-Christophe: Les héros du 6 Juin. Le débarquement de 1944. Neuilly-sur-Seine 2004 (Übersetzung der Zitate: René Freund)

Gockel, Franz: »Man denkt nur: der oder ich.« Aufgezeichnet von Sabine Fiedler. Stern online, 3. Juni 2004

Hartlaub, Felix: Im Sperrkreis. Hamburg und Stuttgart 1955

Hitler, Adolf: Mein Kampf, München 1943

Killius, Rosemarie: Frauen für die Front. Gespräche mit Wehrmachtshelferinnen. Leipzig 2003

Lapierre, Dominique; Collins, Larry: Paris brûle-t-il? L'épopée de la libération de Paris. Paris 1964

Lappin, Eleonore; Uslu-Pauer, Susanne; Wieninger, Manfred: Ungarisch-jüdische Zwangsarbeiterinnen und Zwangsarbeiter in Niederösterreich 1944/45 (= Studien und Forschungen aus dem niederösterreichischen Institut für Landeskunde, Band 45, hg. von Willibald Rosner und Reinelde Motz-Linhart), St. Pölten 2006

Lecouturier, Yves: Les plages du débarquement, Rennes 1999

Levisse-Touzé, Christine: Paris 1944. Les enjeux de la Libération. Paris 1964

Loest, Erich: Jungen, die übrig blieben. Frankfurt am Main 1985

Manoschek, Walter (Hg.): Opfer der NS-Militärjustiz. Urteilspraxis – Strafvollzug – Entschädigungspolitik in Österreich. Wien 2003

Mitscherlich, Alexander und Margarete: Die Unfähigkeit zu trauern. Grundlagen kollektiven Verhaltens. München 2004

Neitzel, Sönke: Abgehört. Deutsche Generäle in britischer Kriegsgefangenschaft 1942–1945. Berlin 2007

Pfeiffer, Moritz: Mein Großvater im Krieg 1939–1945. Erinnerung und Fakten im Vergleich. Bremen 2012

Ryan, Cornelius: Der längste Tag. Normandie: 6. Juni 1944. Frankfurt am Main 1984

Schlink, Bernhard: Die Kultur des Denunziatorischen. In: Merkur, Nr. 745, Juni 2011

Schneyder, Werner: Ansichten eines Solisten. Wortmeldungen und Nachreden. Wien 2002

Tálos, Emmerich: Das austrofaschistische Herrschaftssystem. Österreich 1933–1938. Wien 2013

Timm, Uwe: Am Beispiel meines Bruders. Köln 2003

Tucholsky, Kurt: Gesammelte Werke. Reinbek 1995

Zöchling, Christa: Die wahren Kriegshelden. Wie prominente Österreicher sich dem NS-Terror widersetzten. In: profil online, 29. August 2009